L'Islam Controversé

Ce livre est une sélection d'extraits de notre livre **Islamic Apocalypse**, traduits de l'anglais.

ISBN 978-0-9557140-3-0

Avant-Propos

L'Islam est un ensemble de croyances et de règles. Il est par conséquent un sujet pour le débat intellectuel. En plus, le Coran (verset 4:82) dit ; *"Ne vont-ils (les incroyants) pas réfléchir sur le Coran ? Si cela avait été d'un autre qu'Allah, ils y trouveraient beaucoup d'incongruité"*. Donc l'islam nous invite à examiner attentivement son contenu et à y chercher des incohérences, des contradictions et des déclarations inexactes en son sein.

Si vous êtes un lecteur musulman, s'il vous plaît d'examiner ce livre très attentivement. Il est important que vous sachiez la vérité au sujet de votre religion. Certaines choses que vous lisez peuvent vous choquer ou vous déranger, mais c'est la vérité. Lisez entièrement ce livre, il vous donne des références prises directement du Coran de sorte que vous pourrez vérifier tout cela par vous-même.

Table de Matières

Première Partie –
L'islam controversé

1 Qu'est - ce que c'est l'Islam ?

Une histoire brève

Mahomet, fondateur de la religion, est né en 570 après Jésus Christ à La Mecque, en Arabie. A quarante ans, il a dit qu'il a été visité par un ange qui l'a appelé « *le Prophète d'Allah* ». Des révélations reçus lors d'une série de tels rencontres sont enregistrées dans le livre saint de l'islam, le Coran.

Les cinq piliers de la foi

Le premier de ces piliers est la déclaration de foi qui affirme que « *il n'y a qu'un seul Dieu, Allah, et Mahomet est son messager* ». Cette confession de foi est nécessaire pour tout musulman. Le deuxième pilier de la foi est une routine de prière : à l'aube, à midi, l'après-midi, le soir et la nuit. Des cycles répétitifs d'actions ritualisées : se mettre debout, à genoux, en saluant avec des mouvements de bras prescrits, sont effectués en synchronisation avec des énoncés prédéterminés. La prière Du'aa-e-Qunoot, obligatoire cinq fois par jour, se termine pour chaque musulman en déclarant, « *Que le tourment ronge les infidèles* » (tous les non-musulmans compris).

La Charia

Ceci est le système juridique islamique qui dérive de l'application littérale du Coran et d'autres livres sacrés. Une étude récente a révélé que la plupart des musulmans dans le monde veulent vivre sous la charia. Pourtant, après mûre réflexion, la Cour Européenne des Droits de L'homme a déclaré ; « *La charia est incompatible avec les principes fondamentaux de la démocratie".* Les autorités islamiques dans le monde s'opposent à "**La Déclaration Universelle des Droits de L'homme**" créée par l'Organisation des Nations Unies. Selon elles, elle ne respecte pas les traditions et les coutumes islamiques. Une déclaration rivale a été faite par l'Organisation de Coopération Islamique en 1990. Elle est appelée « **La Déclaration du Caire sur les droits de l'homme dans l'islam**". Elle nie tous les droits de l'homme établis qui ne sont pas en accord avec les dispositions de la charia. La Déclaration du Caire a été critiquée pour ne pas fournir la liberté de religion, l'égalité des droits pour les femmes et parce qu'elle conduit à la discrimination contre les non-musulmans. Le rejet de l'islam est l'infraction la plus grave en vertu de la charia, il est passible d'une peine de mort parce que Mahomet a dit : « *Celui qui change de religion islamique, il faut le tuer".* Le blasphème, c'est à dire critiquer l'islam, Allah ou Mahomet, commettre l'adultère ou l'homosexualité sont également passibles de la peine de mort.

Politique

La charia interdit aux musulmans de se soumettre à la gouvernance des non-musulmans. Le Coran 76 :24 dit : « *n'obéit jamais ... à une personne qui ne croit pas à l'islam".* La forme la plus authentique du gouvernement islamique est le Califat, une autocratie religieuse travaillant par le biais du système juridique de la charia. En Iran et ailleurs, les Mollahs qui ne sont pas élus démocratiquement mais nommés, supervisent les institutions démocratiques et limitent leur pouvoir. Parmi eux, les muftis ont le pouvoir d'émettre des édits religieux ou "fatwas" qui ont force de loi. Le législateur élu n'a pas le pouvoir d'annuler ces derniers. Récemment, des politiciens Pakistanais ont été contraints d'abandonner des projets de loi interdisant les mariages d'enfants et l'interdiction des violences faites aux femmes. En effet ces projets ont été déclarés non-conforme à la Charia par le Conseil de l'idéologie islamique, et donc non applicables dans les tribunaux. De nombreux pays à majorité musulmane ont aussi "**La Police de la moralité**" qui est responsable de l'application des codes de la charia vestimentaire, des règles liées au sexe, et d'autres valeurs islamiques. Un grand nombre de livres sont interdits, y compris la Bible, la Torah, et d'autres œuvres sur tout type de religion ou philosophie non-islamique. La plupart de la littérature occidentale, les films et la musique sont interdits. La charia est diamétralement opposée à nos concepts occidentaux de la liberté de croyance et d'expression.

Économie

Le verset 2 : 275 du Coran dit : *« Allah... ne permet pas l'usure (le prêt à intérêt) ... il vous l'interdit »,* de sorte que dans l'islam le prêt d'argent pour un gain est illégal. Cela interdit effectivement tous les services bancaires d'investissement, les prêts hypothécaires, les prêts personnels et la plupart des assurances. D'autres facteurs ont aussi conduit à un manque de développement économique dans le monde Musulman. L'Agence Américaine pour le Développement International a dit ; *"Pour une société qui n'intègre pas les femmes dans son économie, les conséquences à long terme sont susceptibles d'être graves."*

2 Des croyances controversées

Les croyances fondamentales de l'islam proviennent du Coran, des Hadiths (les récits sacrés racontent les actes et paroles de Mahomet), et de ses biographies "les Siras".

Femmes et Misogynie

Dans l'islam, les femmes sont considérées comme impures et malfaisantes, **(Coran verset 5 : 6)** ; *« Si vous avez eu des contacts avec une femme ... aller vous nettoyer ... le visage et les mains"* Ce verset est une des racines de la ségrégation des sexes. L'Islam dit que les femmes sont inférieures (4 :34) *"les hommes ont en charge les femmes, parce qu'Allah a fait que l'homme excelle sur la femme ...", (2: 228) "les hommes sont un degré au-dessus des femmes ...".* Le commentaire de Ibn Kathir sur le Coran explique ; « *Les hommes sont supérieurs aux femmes, et un homme vaut mieux qu'une femme.*" L'islam est très clairement incompatible avec les droits de l'homme qui garantissent l'égalité des femmes. Mahomet a dit ; *"O, vous les femmes ... vous manquez de bon sens, vous échouez dans la religion et vous volez la sagesse des sages ... votre manque d'intelligence est déterminé par le fait que le témoignage de deux femmes égale celui d'un seul homme. Voilà la preuve"*. La violence contre les femmes est encouragée, et les femmes doivent obéir aux hommes en toutes choses ; (4:34 suite) *"... quant à celles... dont vous craignez la désobéissance ... battez-les !",* (38:44) *"Prends dans ta main un bâton et fouette-la avec".* Un Hadith raconte ; *"Le Prophète a dit « On ne demandera pas à un homme pourquoi il a battu sa femme » "* Dans L'islam c'est permis aussi de battre les enfants, Mahomet a dit ; *"Demandez à un garçon de prier quand il atteint l'âge de sept ans. Quand il aura dix ans, alors battez-le pour la prière"*

L'esclavage

L'islam permet l'esclavage en tous ces formes, Mahomet avait de milliers d'esclaves. L'État islamique a rétabli l'esclavage sexuel ; *"C'est revivre une pratique islamique du Prophète ... conformément à sa manière, avec des épées rouges de sang, plutôt qu'avec les doigts pour voter ou tweeting."* Ils justifient cela comme étant entièrement islamique citant des versets du Coran ; - (2 : 221) " *en effet une femme esclave ... vaut mieux qu'une Mushrikah (non-musulmane) libre".* L'islam traite les femmes comme la propriété d'un homme. Selon Mahomet ; « *"Les femmes sont nombreuses, et vous pouvez facilement changer l'une pour l'autre"*, *"Allah vous permet ... de les battre ... car elles sont (comme) les animaux domestiques... et ne possèdent rien pour elles-mêmes."* L'esclavage sexuel n'a rien de nouveau dans l'islam. Les guerriers islamiques qui ont envahi l'Espagne en 711 après Jésus Christ ont eu la promesse d'avoir des femmes *"belles à ravir"* comme butin. Le marché des esclaves à Tunis a été fermé dans les années 1880 par les Français, après plus de mille ans de commerce continue depuis les jours du Califat Fatimide et tout au long de l'âge d'or de l'islam.

L'excision (les Mutilations Génitales Féminines)
Les MGF (mutilation génitale féminine) est une pratique prescrite par la charia, une obligation religieuse. Selon Jean Damascène (676-749) dans son livre **"Fontaine de la sagesse"**, les MGF étaient la norme pour les femmes musulmanes à son époque. Le manuel classique du huitième siècle sur la Loi Sacrée Islamique **"Reliance du Voyageur"** par Ahmad ibn Naqib al-Misri dit ; *"La circoncision est obligatoire (pour tout homme et femme) en coupant le morceau de peau sur le gland du pénis du mâle, mais la circoncision de la femelle se fait en coupant le clitoris"* (traduction de Kellers, paragraphe e4.3). L'arrivée de ce pratique barbare dans les pays occidentaux est attribuable principalement à l'immigration musulman.

Le racisme
Le Coran contient beaucoup de contenus à caractère raciste, antisémite et xénophobe, voici un échantillon; **(2:96)** *"vous les trouverez (les Juifs) ... les plus avares de l' humanité»*, (2:90) « *ils vendent leurs âmes pour le mal"*, (05:51) *"ne prenez pas les juifs et les chrétiens pour des amis »(05:58)" Ils sont des peuples qui ne comprennent pas "*, (5:59)" *... la plupart sont pervers, "*(5:60)" *... des singes et des porcs »*, (9: 30) *" ils sont vraiment pervers"*, (62: 5) *"... comme des ânes*

portant des livres." Serait ceci la raison pour laquelle une enquête menée par l'ICM en 2015 a révélé que les musulmans sont trois fois plus susceptibles d'avoir des opinions antisémites que la population dans son ensemble ?

La xénophobie

Le Coran en est plein ; (3:73) *"Ne croyez personne qui n'adhère pas à votre religion",* (4: 101) *"craignez que les non-croyants vous attaqueront : car les non-musulmans sont pour vous des ennemis ouverts",* (9: 107, 59:11, 6:28) *"ils sont en effet tous des menteurs", "ils sont tous des menteurs",* (8:65) *"ils sont ... sans intelligence",* (9: 125) *"Les non-musulmans sont méchants et ont des cœurs malades",* (5:45) *"sont injustes",* (63: 4) *"pervertis !",* (7: 176) *"comme des chiens",* (7: 177) *"maléfiques",* (6: 106) *"Restez à l'écart des non-musulmans",* (28:86) *"ne jamais aider les mécréants",* (9:10) *"ils ne respectent aucun pacte",* (8:56) *"à chaque occasion, ils rompent leur accord".* L'islam prône le non-intégration ; (76:24) *"n'obéis pas ... à aucun ... non-musulman"* (Même la police, ou les autorités, ou toute loi non-Charia !) En fait les Musulmans se pensent supérieures aux autres à cause de la religion. On voit pourquoi beaucoup d'eux n'intègrent pas dans notre société.

Mensonge tactique

La *"taqiyya"* est un mensonge tactique pour promouvoir ou protéger l'islam. L'auteur Sami Makarem dans son récent livre **"Dissimulation dans l'islam »**, a conclu ; « *La taqiyya est d'une importance fondamentale à l'islam ... toutes les sectes y consentent et la pratique ... La taqiyya est dominante dans l'islam ... très répandue dans la politique islamique, en particulier dans l'ère moderne."* En effet, les manuels de la charia disent que dans certaines circonstances, le mensonge tactique est obligatoire ; *"Quand il est possible d'atteindre un but par le mensonge ... le mensonge est obligatoire si l'objectif est obligatoire."* Comme le djihad est obligatoire en vertu de charia ; essayer de faire réussir le djihad en employant le mensonge tactique devient obligatoire. Le tireur de San Bernardino et censé avoir dit : « ***L'islam est une religion de paix***" juste avant d'aller, lui - même, au djihad violent.

Terrorisme

Que dit vraiment le Coran de cette barbarie ? (3: 151) ***"Nous allons jeter l' effroi dans le cœur de ceux qui ne croient pas à l'islam",*** (8,12) ***"semez la terreur dans le cœur des non-musulmans ...",*** (8:39) ***"Faites la guerre jusqu'à ce que ... toute religion soit celle d'Allah ",*** (9:14)***" Combattez - les, Allah les punira de vos mains ",*** (9:29)***" Lutter contre les non-musulmans ... jusqu'à ce qu'ils paient un hommage avec soumission »,*** (4: 101)***" les non-musulmans sont vos ennemis ... ",*** (9:73)***" Faites la guerre contre les non-musulmans ... ",*** (04:47) ***"Les commandements d'Allah doivent être effectués!".*** Le logo des Frères musulmans comprend, sous les symboles du Coran et des épées croisées, l'expression ; ***"Préparez - vous"*** qui se réfère au verset (8 :60) ; ***"Préparez tout ce que vous avez de force ... pour terroriser les ennemis d'Allah (les non-musulmans)".*** Le Coran contient plus de 120 versets qui fomentent le djihad violent.

Beaucoup de ceux qui essaient de brandir une image non-violente de l'Islam citent le verset coranique (5:32) ; ***"Quiconque tue un homme ... il sera comme s'il avait tué toute l'humanité, et quiconque sauve une vie, il sera comme s'il avait sauvé la vie de toute l'humanité",*** comme preuve de sa noble moralité. Ce sentiment est erroné, et si vous le lisez attentivement, vous comprendrez que cette citation est précédée dans le Coran par les paroles ; (5:32) ***"Nous avons décrété pour les enfants d'Israël que ...".*** Ainsi, cela n'a rien à voir avec ce que les musulmans sont commandés à faire dans le Coran par Allah, et cela ne l'emporte nullement sur les violents versets djihadistes. Il parle d'un commandement aux

Juifs, et par extension, aux Chrétiens. Il dérive du Talmud Babylonien ; Mishna Sanhedrin 4:5, Traité 37a. Cela montre simplement qu'il faut se méfier des interprétations trompeuses de tout livre. C'est juif pas islamique !

Le djihad

L'historien islamique et philosophe, Ibn Khaldun (1332-1406) qui a grandement influencé le Califat Ottoman a dit ; *"Dans la communauté musulmane, la guerre sainte est un devoir religieux ... une obligation de convertir tout le monde à l'islam, soit par la persuasion soit par la force ... L'islam est dans l'obligation de prendre le pouvoir sur les autres nations."* C'est un mensonge tactique de dire que les commandements du Coran doivent être lu d'une manière autre que littérale, car il dit (64 : 91) « *ceci n'est pas d'un langage poétique* ». En fait presque tous ces appels au djihad utilisent le mot arabe *"qatala"* que signifie tuer ou massacrer. Il n'y a qu'une seule fois dans le Coran que l'appel au djihad est exprimé dans un langage métaphorique.

L'islamisme

Et juste pour clarifier les choses ; un islamiste est quelqu'un qui croit en l'islamisme, la croyance que l'islam devrait gouverner la religion, la loi, et tous les autres aspects de la vie. Le Coran, les Hadiths et la Charia tous disent que l'Islam devrait gouverner ces choses. Par exemple le Coran dit ; *"Faites la guerre à eux (non-musulmans) jusqu'à ce que l'idolâtrie (chaque idée non islamique) se termine et la religion d'Allah règne"* (8:39) Cela veut dire que l'Islam règnerait sur toutes les aspects de la vie partout dans le monde. Evidement le Coran appelle aux musulmans à se battre pour établir un califat islamique mondial régi par la charia. Par conséquent, si quelqu'un croit au premier pilier de l'Islam, que le Coran est la parole de Dieu et doit être obéi, il est par définition islamiste. C'est beaucoup de gens. La vérité choquante est que le vrai sens du mot islamiste a été détourné pour détourner l'attention des véritables racines du terrorisme islamique et de la dégradation des femmes. Nous avons tous été amenés à croire que l'islamisme vient d'une influence non-islamique affectant certains groupes musulmans marginaux, alors qu'en fait il vient des textes centraux de la foi.

3   L'exemple du Prophète

La mort dans la famille

Son père est décédé avant sa naissance. Il a grandi sous la tutelle de son grand-père qui était le gardien de la Kaaba à la Mecque, à cette époque un grand centre de culte païen. Il n'a reçu aucune éducation formelle, et n'a jamais appris à lire ou à écrire. Vers l'âge de cinq ou six ans sa mère est décédée. Son grand-père la suivi quelques années plus tard. La mort et la séparation dans ses premières années ont dû être très pénible pour le jeune Mahomet, avec des conséquences graves sur son développement psychologique.

Éducation Païenne

Mahomet était assez intelligent et a montré très jeune les premiers signes d'une sensibilité spirituelle. Nous comprenons au travers du Livre de Halabieh que sa mère lui a fait subir une cérémonie d'initiation au spiritisme où il a été établi « clairvoyant » afin que les "djinns" (démons) parlent par sa bouche. Il a passé beaucoup de temps avec son grand-père à la Ka'aba où il serait devenu très familier avec tous les rites païens que sa famille pratiquait. Vers la fin de sa vie en 629, Mahomet y fit un pèlerinage, pour y sacrifier des vaches, alors que c'était toujours un sanctuaire païen. Lorsqu'il se maria, sa première femme était d'une famille de chefs spirituels occultes et veuve d'un clairvoyant qui avait travaillé avec les démons. Tout au long de sa vie, il a eu des visites démoniaques ; *"Hier soir, un grand démon (Afreet) des djinns* est *venu me parler"*, *"Le délégué des djinns ... vint à moi, et comment ces djinns étaient beaux.*" C'est clair qu'il a bien communiquer avec eux.

Le Prophète illettré

Mahomet a reçu de puissantes visites spirituelles qui pour la plupart l'effrayaient. Au début, il n'en parlait pas publiquement. Il a raconté plus tard, après une large gamme d'expériences désagréables qu'il croyait recevoir la révélation de l'Ange Jibril. Au cours de ses rencontres spirituelles, il avait l'habitude d'avoir des illusions, des convulsions avec de l'écume à la bouche. Plusieurs autour de lui crurent qu'il était possédé par un démon. À un moment, Mahomet lui-même a pensait qu'il devenait fou et a envisagé le suicide.

Histoires de guerre

Un an, après son arrivé à Médine, sur les routes caravanières, les hostilités ouvertes ont commencé entre Mahomet, ses fidèles, et les commerçants mecquois. Ces premiers musulmans ont commencé à piller les caravanes du peuple mecquois. L'autobiographie détaillé de Tabari dit ; *"Au cours du mois de Ramadan, sept mois après la Hijrah (la migration à Médine), Muhammad a confié une bannière de guerre blanche à Hamzah ainsi que le commandement de trente Emigrants. Leur but était d'intercepter une caravane Qurayash* ». Ce banditisme contre les Mecquois a continué et a augmenté pour devenir la plus importante source de revenus pour Mahomet et son groupe croissant d'adeptes musulmans. Les raids sur le Qurayash se sont changés en guerre à la bataille de Badr plus tard en 624.

Une enfante mariée

Mahomet a pris d'autres femmes après la mort de sa bien-aimée Khadijah. Celle que nous connaissons le plus est Aisha, qui, de ses propres mots, a dit : je me suis mariée *"quand j'avais six ans et nous avons consommé le mariage quand j'avais neuf ans, j'avais encore l'habitude de jouer avec des poupées*... " En effet, le mariage aurait été consommé plus tôt si la pauvre fille n'était pas tombée malade et n'avait pas perdu tous ses cheveux. Ce mariage est devenu un modèle pour les mariages d'enfants à partir de six ans, inscrit dans la charia. Les Nations Unies et les ONG médicales rapportent que dans les pays musulmans des enfants meurent de ces mariages parce que leur corps n'est pas encore prêt pour des rapports sexuels ou la maternité.

Un goût pour tuer

Les biographies de Mahomet racontent ; *"Ensuite, ils (les Juifs) se sont rendus, et l'apôtre les a confinés à Médine ... l'apôtre est sorti sur le marché de Médine et a creusé des tranchées. Puis il les a amenés en groupes et leur a coupé la tête dans ces tranchées ... Ils étaient environ 600 ou 700, bien que certains disent plutôt 800 ou 900. » « Le Messager d'Allah a ordonné que tous les hommes et les garçons juifs qui avaient atteint la puberté devaient être décapité. Ensuite, il a divisé les richesses, les épouses et les enfants des Juifs du Banu Qurayza parmi les musulmans "*.

Esclaves sexuelles

La captivité des femmes comme des esclaves sexuelles n'était pas une question morale au début de l'islam. Mohammed a eu plusieurs esclaves sexuels aussi bien que ses épouses, l'histoire d'Al-Tabari (39/194) parle de Mariyah, un cadeau d'un autre musulman ; *« il a eu des relations sexuelles avec elle parce qu'elle était sa propriété »*. Les Hadiths rapportent une discussion impliquant Mahomet dont le sujet est d'essayer de préserver la valeur de revente des esclaves sexuelles en évitant qu'elles tombent enceintes ; *"(Al-Khoudri) assis avec l'apôtre d'Allah demanda :« O Messager d'Allah ! Nous avons obtenu des femmes captives dans notre part du butin, et nous sommes intéressés par leur prix, et nous voudrions connaitre votre opinion sur le coït interrompu ?"*. Mahomet a échangé ses esclaves sexuelles ; *"l'apôtre a pris Safiyah, en donnant à Dihyah ses deux cousines (et cinq autres). Les femmes de Khaybar ont été distribués parmi les musulmans"*.

Poison !

À Khaybar, une captive nommée Zaynab, pour se venger de ce que Mahomet avait fait à son peuple, a projeté de lui préparer un repas qu'elle empoisonnerait, en se disant, *« s'il est vraiment prophète, il ne sera pas trompé, mais s'il est simplement roi qu'il mange et meurt"*. *"Lorsque le messager d'Allah se reposa de son travail, Zaynab bt. Al-Harith, l'épouse de Sallam b. Mishkam (que Muhammad avait tué), lui a servi un mouton rôti. Elle lui avait demandé quelle part de la brebis le messager d'Allah aimait le mieux. Il répondit la patte avant. Elle empoisonna cette partie ...* " Mahomet a pris la viande et ce fut une mort longue, lente et douloureuse qui a duré plus de trois ans.

4 Vrai ou faux ?

Le Coran (61 : 6) dit que Jésus a prédit Mahomet par son nom, mais il n'y a aucune trace de cela ni dans les Évangiles, ni nulle part ailleurs en dehors de l'islam.

Prophète, vrai ou faux ?

Traditionnellement les savants islamiques ont mis en avant un certain nombre de « vérités supposées » qui d'après eux prouveraient que le Coran est de Dieu. Ce sont : le fait que Mahomet avait le sceau d'un prophète, le fait qu'il était illettré, les visitations qu'il a vécues lorsqu'il a reçu le Coran, l'exactitude du contenu du Coran parfait et infaillible. Mais le sceau du prophète (malheureusement) n'est qu'une grosse bosse poilue sur son dos. Son analphabétisme impressionne seulement les musulmans. En effet les critiques disent que l'incapacité de Mahomet à lire ou à écrire est la raison selon laquelle il y a tant d'erreurs dans le Coran.

Les versets sataniques

Mahomet, après avoir préalablement maintenu que chaque mot dans le Coran avait été donné par Dieu, a admis qu'il avait été trompé en incluant des versets inspirés par Satan ; « *J'ai fabriqué des choses contre Dieu et lui ai imputé des paroles qu'il n'a pas dites.* » Si une déclaration précédente de Mahomet dit que tout le Coran est dicté par Dieu, pourtant plus tard de son propre aveu il prouve qu'il n'est pas de Dieu, mais de Satan. Cela pose la question pour l'ensemble du Coran, provient-il aussi de Satan ?

Comment ?

Les hadiths racontent comment Mahomet a reçu ses révélations ; *"L'apôtre d'Allah a envoyé une expédition militaire à Awtas à l'occasion de la bataille de Hunain, ils ont rencontré leur ennemi et se sont battus avec eux, ils les ont vaincus et ont pris en captivité des femmes. Certains des compagnons de l'apôtre d'Allah étaient réticents à les prendre car leurs maris étaient des incroyants. Alors, Allah, l'Exalté, a fait descendre le verset Coranique (4:24): « Et toutes les femmes mariées vous sont interdites, sauf celles (vos captives) que possèdent vos mains droites ». Des esclaves sont licites (pour le sexe) quand ils ont terminé la période d'attente (terminé leur cycle menstruel). "*
Allah a même lui donné un verset pour menacer ses femmes ; (66: 5) *"Peut-être, s'il (Mahomet) vous divorce, Allah lui donnera à votre place des épouses meilleures que vous, soumises, fidèles, obéissantes, pénitentes, adoratrices ..."*
Parole de Dieu ou parole de Mahomet ?

Abrogation

Plutôt que d'être éternels et immuables comme les paroles

de la Torah et de la Bible, certains mots du Coran ont subi une mise à jour, ou ont été supprimés par le Prophète ; (16 :31) « *Quand nous substituons une révélation pour une autre* ..." Dans la pratique l'abrogation crée une grande difficulté à comprendre le Coran parce que ses versets ne sont pas dans l'ordre chronologique de leur révélation. Cependant, il y a des indications de l'ordre dans lequel les versets ont été reçus. Par exemple, nous savons que le chapitre 2 a été révélé avant le chapitre 8. Ainsi le verset (2 : 256) *"Qu'il n'y ait pas de contrainte en religion",* ce qui signifie que tout le monde est libre de pratiquer sa propre religion, a été abrogée et remplacé plus tard par le verset ; (8 :39) *"Faites la guerre jusqu'à ce que ... toute religion soit pour Allah. "* L'avant-dernier chapitre du Coran en termes chronologiques, chapitre 9, est l'un des plus violents dans ses incitations. Il abroge tout le contenu précédent de nature plus paisible. Il répète plusieurs fois ; « *Faites la guerre aux non-musulmans ...*".

Fatalisme
(9 :51) *"Rien ne nous arrive sauf ce qu'Allah a décrété".* Il y a de nombreux versets qui indiquent clairement que c'est le choix d'Allah si vous vivez bien où vous égarez ; (13 :27) " *Allah fait égarer des gens comme il veut...",* (7 : 186) « *Allah conduit quiconque dans l'erreur ... Il les laisse s'égarer dans leur aveuglement »,* (47 : 23-24) " *... ceux qu'Allah maudit, il les rend sourds et aveugles. Ne vont-ils pas méditer sur le Coran ?* " Comment pouvez-vous méditer sur le Coran si vous êtes aveugle et sourd ? Il semble qu'Allah n'offre jamais le pardon ; (4 :48) *"Allah ne pardonne pas ...",* (4 : 168) *"Allah ne leur pardonnera jamais ..."* Si Allah amène les gens à s'égarer, il ne leur pardonne pas, puis les envoie en enfer à cause de cela. Est-ce juste ?

Génocide
Le Coran fournit-il de bons conseils ? Malheureusement, l'histoire nous enseigne qu'à travers les âges, l'islam est la

cause de nombreux génocides et cela continue encore de nos jours. Depuis l'avènement de la presse nous avons des détails précis de ce qui est arrivé dans les cas ci-dessous; Assyrie 1843-46, Syrie; Alep 1850, Damas 1860, Arménie 1873-1876, Bulgarie 1876, Perse 1894, Balkans 1912-1913, Ottomans Grecs 1913- 1923, Arménie 1915, Assyrie 1915-1918, Irak 1933, la Bosnie-1943, la Syrie 1947, Ottomans Grecs 1955, Chypre 1960, l'Inde (Pakistan / Bangladesh) 1971, l'Ouganda 1971-1972, Chypre 1974, Afghanistan 1979, la Syrie 1981- ?, Irak 1986-9, Afghanistan 1986-2001, au Cachemire 1990- ?, Libye 2011- ?, Nigeria 2014-? , et l'Irak 2014-?

Mohammed et son Coran ont apporté au monde des fruits très amers. Plus de 500 millions de personnes ont été tuées ou prises en esclavage au nom de l'Islam. Et le nombre de victimes augmente chaque jour. Selon un nouveau rapport du CSGC, 900 000 chrétiens ont été tués pour leur foi au cours des 10 dernières années, la plupart par des islamistes. Ajouter dans la figure pour ceux des autres religions tuées et nous avons plus de 100 000 victimes par an de l'islamisme.

5 Le Coran, est-il de Dieu ?

(4 :82) ***"Ne vont-ils (les infidèles) pas méditer sur le Coran ? Si cela avait été d'un autre que Dieu, ils y trouveraient beaucoup de fautes."*** Voici un petit échantillon des fautes que nous avons trouvées : -

Incohérences et auto contradictions
Nous avons vu qu'Allah ne pardonne pas, mais certains versets disent le contraire (39 :53) ; ***"Allah pardonne tous les péchés"***. De même, la déclaration ; (4 : 110) « ***quiconque a fait du mal, cherchant le pardon, trouvera miséricorde et pardon auprès d'Allah"***, est incompatible avec celle du verset (63 : 6) ; ***"Si le pardon est demandé ou non, Allah ne leur***

pardonnera pas". Il y a une incohérence flagrante. Ces contradictions montrent que le Coran n'est pas « *parfait et infaillible* », comme il prétend l'être.

Invraisemblances !

Dans le Coran, Mahomet a dit qu'il a fait un voyage de nuit à la mosquée Al-Aqsa sur le Mont du Temple à Jérusalem. Mahomet est mort en 632 après Jésus Christ, mais les musulmans n'ont pris Jérusalem qu'en 637. La construction de la mosquée n'a pas commencé avant 691. Aucune mosquée n'y existait de son vivant ; il est clair qu'il lui a été impossible d'avoir fait une telle visite.

Affirmations fallacieuses ?

Mahomet a affirmé que le Coran est la parole de Dieu parfaite et infaillible. S'il contient un fait incorrect, même un seul, alors il n'est ni parfait ni infaillible. Le Coran prétend, se référant à l'époque de Moïse ; (7:137) *"Nous avons détruit complètement toutes les grandes œuvres et édifices que Fir'aun (Pharaon) et son peuple ont érigés."* Les pyramides ne sont-elles pas encore là à Gizeh près du Caire, la Grande Pyramide demeurant remarquablement intacte ?
La déclaration d'Allah est fausse. Les archives grecques et romaines montrent que les grands bâtiments de Karnak, d'Héliopolis et d'ailleurs en Egypte étaient encore utilisés après l'époque de Moïse et qu'ils ne tombèrent en désuétude qu'aux premiers et deuxièmes siècles de notre ère.

En matière scientifique, qu'en est-il du verset (79:30) ; *"Et la terre... il l'a faite plate"* ? La terre n'est pas plate, bien que cela fut la conception prédominante du temps de Mahomet. Un autre verset parle à propos de l'embryon humain (23 :14) ; « *Les os sont formés, puis ils sont revêtus de chair."* La science du Coran est erronée, les os se forment à l'intérieur de la chair du fœtus. Le verset (51 :49) dit ; « *Et de toutes choses Nous avons créé deux partenaires"*. Encore une fois faux ; certaines formes de vie sont purement asexuées tandis que le Lézard Whiptail du Nouveau-Mexique existe seulement comme femelle, se reproduisant par naissance virginale. Ce lézard, étant uniquement femelle, prouve de façon concluante que le Coran n'est pas parfait.

Les échecs de la logique et de la raison
Dans la charia, l'application des règles de succession dérivées du Coran peut conduire à des situations complexes où l'ensemble des actions prescrites aux héritiers peut dépasser 100% de la valeur de la succession à diviser. Regardons l'exemple concret ; un homme laissant une femme, un fils et ses parents. Les règles applicables sont (4 :11) ; *"Concernant vos enfants : pour le mâle, sa part est égale à la part de deux femmes ... s'il n'y a qu'une seule fille, pour elle est* la moitié *... pour ses parents, à chacun d'entre eux un sixième de sa succession s'il a laissé des enfants ... "*, et (4 :12) ; *"Si vous laissez un enfant, alors pour eux (vos épouses) est un huitième de ce que vous laissez"*. Donc, en ce qui concerne le fils, il obtient deux fois le montant d'une fille seule qui obtiendrait 1/2 (soit 100% pour le fils), puis chacun des parents obtient 1/6 et la femme obtient 1/8. La somme de ces quotients donne un total approximatif de 145,8% de la valeur de la succession. Impossible ! Les règles échouent au test de la logique. Le droit successoral de la charia ne marche pas.

La tautologie
Mahomet a dit concernant les femmes ; « *votre manque d'intelligence est déterminé par le fait que le témoignage de deux femmes égale celui d'un seul homme. Voilà la preuve"*
Il utilisait ses propres dictats dans le Coran pour se justifier ; (2:282) *"(en droit) ... appelez deux témoins parmi vos hommes ... si deux hommes ne sont pas disponibles, alors un homme et deux femmes."* Et dans les Hadiths ; *" Le témoignage de deux femmes n'est-il pas égal au témoignage*

d'un seul homme ? C'est la déficience de son intelligence". En fait des études récentes ont montrés clairement que les femmes ne sont pas moins dignes de confiance que les hommes.

Et plus !

Il faut être conscient qu'il y a beaucoup d'autres incohérences, impossibilités, sophismes et contradictions dans le Coran en plus de ceux détaillés ici. Une seule imperfection est suffisante pour prouver que le Coran n'est pas parfait, ni infaillible, ni de Dieu, pourtant nous en avons trouvé beaucoup. Le Coran dit (5:101-2) *"Ne posez pas de questions… certaines personnes avant vous ont posé de telles questions, et de ce fait ont perdu leur foi."*. Nous savons pourquoi.

Le Coran n'est pas parfait, il contient beaucoup d'erreurs, donc il ne provient pas de Dieu. Si vous lisez l'anglais, lisez un de nos livres « **Islamic Apocalypse** » ou « **Ministering to Muslims** » pour en savoir plus sur ce sujet.

6 Est -ce qu'il confirme la Torah et les Evangiles ?

Certaines déclarations contenues dans le Coran donnent l'impression que Mahomet n'a pas eu d'emprise réelle sur le Chrétienté. Le verset (5:116) implique que Jésus a dit : « *prenez -nous moi et ma mère, pour deux divinités en dehors d'Allah.*" Dans les Évangiles Jésus n'a pas dit cela et ne l'aurait jamais dit parce que c'est une autre déclaration fondée sur une fausse compréhension du Chrétienté. Les chrétiens prient la Sainte Trinité : Dieu le Père, Dieu le Fils Jésus - Christ et Dieu le Saint - Esprit. Ceci correspond avec ce qu'a dit Jésus *"Allez, faites des disciples de toutes les nations, les baptisant au nom du Père et du Fils et du Saint - Esprit."* (Evangile de Matthieu 28 :19) Alors que le Coran verset (5 :73) dit que les chrétiens se trompent sur la Trinité, de fait c'est le Mahomet qui a tort.

Confusion historique

Plusieurs versets du Coran supposent qu'il confirme la Torah, les écrits sacrés juifs, et les Évangiles, qui sont les récits de la vie de Jésus-Christ dans la Bible. Cette affirmation est facilement réfutée en comparant leur contenu. Pour commencer, dans la Torah, il est clair que l'Éternel, et non Allah, est Dieu ; *"Et ils sauront que je suis Yahvé, leur Dieu ... Je suis Yahvé, leur Dieu."* (Exode 29 :46 traduction directe) Cette différence est incontestable. La déclaration du Coran dans le verset (10 :37) qu'il est « *une explication détaillée de l'écriture précédent"* ne correspond pas aux faits. De nombreux sujets sont traités très différemment par le Coran, par exemple sur les femmes ; (38 :44) *"prendre en main un bâton et les battre avec »*, mais la Bible dit ; « *Maris, aimez vos femmes ... les maris doivent aimer leurs femmes comme leurs propres corps ... et prendre soin d'elles"* (Ephésiens 5 :25).

D'autres divergences dans le Coran sont de nature plus complexe ; - (2: 249) *"Saül partit avec l'armée, il leur dit:" Allah vous mettra à l'épreuve au bord de l'eau: quiconque boit n'est pas de moi ... sauf celui qui le prend dans le creux de la main"*. L'histoire de sélection des soldats par la façon dont ils ont bu est enregistrée dans la Bible ; *"Alors Gédéon amena les hommes à la mer. Là, le Seigneur lui dit ; « Sépare ceux qui ... buvaient de leurs mains creuses ... »"* (Livre des Juges 7:5-7) Ainsi, dans ces Écritures, nous avons des versions différentes de la même histoire, racontées dans des circonstances différentes et avec des acteurs différents, Saul et Gédéon. Comment peut-on savoir ce qui est juste ? La réponse est assez simple, regardez comment l'histoire est racontée dans le Coran, on dit aux soldats à l'avance quel sera le critère du succès. Cela rend le test inutile, comme donner des réponses avant un examen, cela n'a pas de sens. Dans la version biblique, Gideon seul connaît le critère du succès et le scénario a donc un sens. Le Coran se trompe !

Révisionnisme

Un verset dans le Coran dit que Jésus a prédit Mohammed par son nom (61: 6) ; *"Quand Jésus, fils de Marie, a dit: 'O enfants d'Israël, je suis le messager d'Allah confirmant ce qui est venu avant moi de la Torah et apportant la bonne nouvelle d'un messager à venir, dont le nom est Ahmad"*. Il n'y a aucun enregistrement de cette déclaration nulle part dans la Bible entière, ou ailleurs en dehors de l'Islam. Son style est totalement différent du discours de Jésus qui est largement enregistré dans les Évangiles. Certes, Il n'a jamais utilisé le mot **"Allah"**, et son intimité avec Dieu était telle qu'il a utilisé le terme *"Abba"* (Père) la plupart du temps. Il semble que cette déclaration est une fabrication. Analphabète, Mahomet ne pouvait pas aller aux sources des écritures pour y rechercher ce qu'il disait dans le Coran. Cela a donné lieu à de nombreuses erreurs.

Le Coran découpe la conversation que Dieu a eu avec Moïse, sur la terre promise qu'il a donné aux Juifs ; *"Je suis descendu pour les délivrer de la puissance des Égyptiens, et pour le faire monter de ce pays dans un bon et vaste pays, dans un pays où coulent le lait et le miel, à l'endroit des Cananéens ..."* (Exode 3 : 8) Cette promesse faite par Dieu aux Juifs est la principale raison de l'existence de l'Etat d'Israël tel qu'il est aujourd'hui. C'est un problème. La suppression de cette promesse dans l'histoire de Moïse a des conséquences très graves aujourd'hui. L'échec de Mahomet à confirmer cette partie de la Torah a coûté des milliers des vies innocentes.

L'Écriture Corrompue

Le Coran dit de Jésus - Christ (4 : 157) *"ils ne l'ont pas tué, ni crucifié lui ...* ». Mais sa mort sur la Croix a été vu par beaucoup. Plusieurs historiens crédibles ont écrit à ce propos. Les autorités juives ont tenu des registres : dans le Talmud, Sanhedrin 43a b ; *"A la veille de la Pâque Yeshua (Jésus) a été pendu (crucifié)"*. Les Romains ont gardé les rapports dans leurs annales (Cornelius Tacite xv 44.) ; *"Christus ... a été exécuté dans les mains du procureur Ponce Pilate"*. L'historien Josephus a écrit au premier siècle dans Les Antiquités des Juifs (18,3) ; *"Maintenant, il y avait à cette époque, Jésus, un homme sage ... Pilate le condamna à la croix"*. Alors, qui faut-il croire, les documents officiels et les historiens de l'époque, ou un analphabète qui, six siècles plus tard, ne donne pas une seule référence fiable, officielle ou académique dans l'ensemble de son ouevre ?

Dans le Coran il y a des versions erronées du contenu de la Bible. Le chapitre 12 donne une version assez différente de l'histoire du Patriarche Juif Joseph en Egypte, (12:56) *"Nous avons donné le pouvoir à Joseph dans le pays, il en était le propriétaire"*. C'est historiquement incorrect. Les Pharaons ont régné et ont possédé l'Egypte. Le nom de Joseph n'apparaît dans aucune liste de Pharaons, et aucun nom ne lui ressemble. La version coranique n'est pas vraie. Ces histoires apparaissent seulement dans le Coran pour lui donner une certaine historicité prétendue. Le Coran ne vient pas de la même origine que la Torah et la Bible. L'illusion d'une continuité à travers le Coran est une invention de Mahomet pour égarer les gens. Le Coran contredit la Bible la substituant par une théologie meurtrière.

Combattre le bon combat ? ou terroriser ?

Dans L'Ancien Testament il y a des commandements historiques aux Israélites de tuer des ennemis spécifiques, mais dans le Coran il s'agit des commandements éternels pour les Musulmans de tuer les non-croyants. Nous avons déjà lu certains versets du Coran qui incitent à la violence et au terrorisme. Il y en a beaucoup d'autres (9 :29) *"Combattez ceux qui ne croient pas en Allah ...*" (2:191)"*Et tuez -les où que vous les trouviez* ..." L'Evangile que Jésus-Christ a prêché est l'Évangile de la paix ; « *Aimez vos ennemis et priez pour ceux qui vous persécutent.*" (Matthieu 5:44), "*bénissez ceux qui vous maudissent, priez pour ceux qui vous maltraitent* » (Luc 06:28). Comparez les guérisons miraculeuses et le message d'amour et de paix de Jésus-Christ, à la violence sanglante de Mahomet. Ne sont-ils pas aux antipodes ? Le Coran ne confirme ni la Torah ni les Évangiles. L'islam ne remplace pas le christianisme ni le judaïsme, il est théologiquement opposé à eux.

Pas de salut, pas de Saint - Esprit

Même Mahomet ne savait pas s'il serait épargné de l'enfer ; « *bien que je sois l'apôtre d'Allah, je ne sais pas ce qu'Allah va faire pour moi.*" Ce qui est loin de la promesse universelle du salut de Jésus – Christ dans les Evangiles : « *Car Dieu n'a pas envoyé son Fils dans le monde pour juger, mais* pour *que le monde soit sauvé par lui.*" (Evangile de Jean 3 :17) L'islam n'a pas la notion de la transformation qu'apporte le Saint Esprit :"*l'affection de l'Esprit, la vie et la paix* » (Romains 8 : 6) et « *le fruit de l'Esprit de Dieu est l'amour, la joie, la paix, la patience, la bonté, la bienveillance, la foi, la douceur, la maîtrise de soi* » (Galates 5 : 22-23)

Démons personnels

Mahomet a dit sans équivoque que chaque musulman a un démon ; "*Il n'y en a pas un de vous (les musulmans) qui ne dispose d'un djinn (un démon, un attaché du diable) désigné pour être son compagnon constant ... Même moi !*" L'aspect démoniaque de l'islam est clair et incontestable. Il semble être confirmé par les statistiques de l'ONU. Son Rapport sur la Santé Mondiale 2015 (p112) a enregistré une incidence significativement plus élevée de troubles mentaux chez les personnes moins de 19 ans dans la zone Moyen-Orient / Afrique du Nord. C'est une partie du monde presque entièrement islamique. Au Royaume-Uni, un détenu sur sept est musulman, contre un sur vingt pour l'ensemble de la population. D'autres minorités au pays n'ont pas des taux de criminalité aussi élevé, ceci aussi semble être une confirmation physique de ce phénomène spirituel. Dans le Rapport Mondial sur le Bonheur (ONU 2015), il n'y a qu'un seul pays musulman dans le top 20 (au numéro 20), derrière tout un tas de nations occidentales tandis que les 20 derniers (sur 150) comprennent largement des nations musulmanes.

7 <u>Allah, est-il le même Dieu ?</u>

Un seul Dieu, ou des divinités différentes ?

Aujourd'hui le mot « Allah » signifie simplement « la divinité ». Les autres religions autre que l'islam utilisent également ce mot Arabe pour désigner leur Dieu. Cela ne signifie pas que c'est la même entité spirituelle. Nous devons considérer les écrits sacrés pour découvrir si oui, ou non, leurs attributs sont les mêmes. Le Coran dit ; **(9 : 2)** *"vous ne pouvez pas échapper à Allah ...",* (113 : 2) *"... Il a créé le mal,* (74 :56) *"Il est la source de la peur",* (16 :70) ;*"Allah ... vous donne la mort",* (22 : 6) *"Allah hâte les morts",* (32 :13) *"remplira l'Enfer de djinns et d'hommes réunis",* (2 : 167) *"Ils ne seront jamais arrachés du feu ".* Au vu de ces versets, il est évident que l'Allah islamique n'est pas du tout le même que le Dieu de la Bible qui est décrit de façon très différente; *"Car Dieu a tant aimé le monde qu'il a donné son Fils unique afin que quiconque croit en lui ne périsse point, mais qu'il ait la vie éternelle»* (Evangile de Jean 3:16),*«Dieu est amour»* (1 Jean 4: 8), *" Sauvegarder les autres en les arrachant du feu (l'enfer) "*(Jude *1:23)," Il n'est pas le Dieu des morts , mais des vivants »* (Evangile de Marc 12:27) C'est clair, le Dieu des Chrétiens et des Juifs n'est pas le Dieu des Musulmans.

Il n'y a pas de dieu que Dieu, alors qui est Dieu ?

Comme nous l'avons vu il exhorte les gens vers l'enfer, lui et ses anges déchus en sont en charge (74 : 30) *"Nous avons nommé des anges pour être gardiens du feu* ... ». Il attribue un démon à chaque musulman (7 : 27) ;*"Nous avons attribué des diables comme compagnons* ... » Est-ce qu'Allah est le Satan de la Bible ? sa description y correspond ; *"Belzébuth, prince des démon*s".

L'étoile et le croissant

L'une des « *sept merveilles du monde antique*", était *"le grand temple de la déesse Artémis, et son image (idole) qui est tombé du ciel"* (Livre des Actes 19 :35). Artémis est le nom grec de la déesse du croissant de lune Diana. Son image était une Pierre Noire comme celle de La Mecque. Jean de Damas dans la Source du Savoir dit que la Pierre Noire a la ressemblance d'Aphrodite (nom grec de Vénus), *"que les Arabes nomment Akbar dans leur propre langue"*. Le cri islamiste *"Allahu Akbar"* est une invocation a cette ancienne déesse de la guerre, dont le symbole est une étoile à cinq branches. Pendant la deuxième guerre mondiale l'auteur John Van Ess a visité la Kaaba et a noté ; *"Dans un coin se trouve la pierre noire, probablement une météorite, le baiser rituel est une partie essentielle du pèlerinage"*. Le pèlerinage du Hadj et la direction de la prière de tous les musulmans sont concentrés sur cette idole en forme d'œuf qui autrefois était considérée comme une divinité païenne féminine. Il est évident, comme des nombreux experts le soutiennent, que l'islam est en effet le paganisme présenté comme monothéisme.

8 L'apocalypse islamique

Un Califat mondial

Des enquêtes ont clairement montré qu'une nette majorité des musulmans du monde veulent vivre sous un Califat régi par la charia. En Europe, 65% des musulmans immigrés pensent que les règles islamiques sont plus importantes que les lois du pays dans lequel ils vivent. Chaque jour, les médias rapportent des histoires de personnes décapitées par l'Etat islamique, d'exécutions brutales d'homosexuels, d'asservissement et de viols des femmes non-musulmanes et plus encore. Du monde entier des milliers de volontaires musulmans se sont empressés de faire partie de ce nouveau Califat. L'État islamique tente ouvertement d'imiter l'islam originel de Mahomet. Ce n'est pas surprenant, étant donné les millions de dollars des revenus pétroliers, que les pays musulmans ont investi dans la construction de mosquées, et dans le financement des prédicateurs qui propagent le vrai islam mahométan. Le but ultime de l'islam est d'amener le monde sous le gouvernement islamique et la charia, qui est régis par le Coran.

666 - La Marque de la Bête

Le Livre de l'Apocalypse (13 :15) dit que le faux prophète va commander la mort de ceux qui refusent d'adorer l'image de la bête. N'est-ce pas ce que le Coran fait ; (9 : 5) ; *"Tuez les infidèles ..."* Connaissez - vous une autre religion qui ordonne à ses disciples de tuer tous les non-adeptes ? Le livre de l'Apocalypse (20 : 4), dit que les martyrs chrétiens seront *"décapités"*, ce que commande le Coran dans le verset (8 :12) « *Je vais jeter* l'effroi *dans les cœurs de ceux qui ne croient pas. Par conséquent coupez leurs têtes* ... " Un autre indice de l'identité de la bête vient de l'Apocalypse (13 : 16-18) ;" *Ici est* la *sagesse. Que celui qui a* de l'intelligence *calcule le nombre de la bête, car c'est un nombre d'homme et son nombre est 666* ". Les symboles grecs pour 666 ont été écrits à la main sur le manuscrit original de Saint Jean, ainsi que dans les premières copies telles que le Codex Vaticanus. Ils sont similaires au mot arabe « *Bismillah* » qui signifie «*au nom d'Allah* ». En fait, les symboles grecs manuscrits sont similaires à son image miroir accompagnée de deux épées croisées, un symbole pour l'islam et le djihad. Cherchez "<u>666 Allah</u>" sur Google pour voir. Et si vous êtes toujours incertain, saviez-vous que le Kaaba à la Mecque se situe exactement 666 milles du Mont du Temple à Jérusalem. Coïncidence ? Non, Dieu veut qu'on comprenne.

La troisième guerre mondiale

Il semble que l'Apocalypse est très proche, dans une prophétie du temps de la fin, Isaïe parle de l'Irak. Il a dit (13 :16) ; « *Leurs enfants seront écrasés à mort devant leurs yeux, leurs maisons seront pillées, et leurs femmes violées.*" Ceci est exactement ce que l'État islamique était en train de faire. Nous savons aussi, à partir de documents récemment découverts, qu'Al Qaeda et l'État Islamique ont délibérément cherché à provoquer un conflit militaire entre l'islam et le reste du monde. Il y a certaines nations islamiques qui sont animées par une théologie Apocalyptique. Ces musulmans croient profondément qu'il est de leur devoir envers Allah de pousser le monde vers la grande bataille finale d'Armageddon *"Proclamez ceci parmi les nations : Préparez -vous pour la guerre sainte ... Que les nations soient réveillées .... Multitudes, ... multitudes dans la vallée de la décision ! Le Jour de l'Éternel est proche dans la vallée de la décision* ". (Joël 3 : 9,12,14)

Armageddon ; la vallée de la décision

En effet, nous sommes déjà dans cette guerre, elle est appelée à tort « *la guerre contre le terrorisme* », mais elle est en effet une sorte de guerre entre l'islam et l'Occident. Comme le vrai islam de Mahomet et son Coran sont à la vraie racine de cette « *terreur* », (n'oubliez pas que plus de 95% de l'ensemble du terrorisme dans le monde est islamiste), <u>nous sommes actuellement dans une troisième guerre mondiale d'idées et d'idéaux sous un autre nom</u>. Une guerre spirituelle et intellectuelle, mais une guerre physique aussi.

9 Comment vaincre l'islamisme ?

En quête de la vérité

Aujourd'hui toute personne qui critique l'islam est stigmatisée et qualifiée islamophobe. En fait, tout ce que la plupart de ces soi-disant islamophobes sont en train de faire, c'est d'exprimer une préoccupation, d'informer que l'islam constitue une menace réelle pour notre société libre et démocratique. L'État islamique a souvent justifié son règne de terreur en se référant au Coran et aux Hadiths. Ce que leurs dirigeants disent semble être théologiquement correct. Si l'islam était vraiment une religion de paix, leur livre sacré donnerait sûrement l'amour et la tranquillité intérieure. Mais il ne le fait pas. Certains terroristes connaissent le Coran par cœur. Ce ne peuvent pas être des versets de paix et d'amour qui sont dans leurs têtes alors qu'ils tuent des innocents. Pour le bien et l'avenir de notre société libre, il nous faut accepter que le Coran soit à la cause de cette terreur. Nous devons absolument nous concentrer sur un débat d'idées et d'idéaux afin d'éviter les conflits physiques. De ne pas le faire peut engendrer une vague d'islamophobie violente. D'ailleurs, des groupes d'extrême droite déjà s'en servent pour outrepasser la limite de protestation pacifique. Cela n'aide personne.

Il est clair que le Coran incite au terrorisme ; les terroristes le lisent avant d'aller en mission. Tant que les gens croiront en l'islam, au Coran et les propagent, la terreur se poursuivra. Des marginaux à tendances agressives sont facilement attirés par l'islam. Dans le Jihad, ils trouvent une justification religieuse à leur violence. Parce que tout cela se fait au nom de l'islam et d'Allah, en obéissance au Coran, toutes les autres considérations morales disparaissent. Si nous ne parlons pas maintenant ouvertement de ce sujet et ne soulignons pas aux musulmans ce qui est mal et inacceptable dans leur religion, de plus en plus de jeunes tomberont dans le piège de la radicalisation. Beaucoup de musulmans ont été endoctrinés par les croyances islamiques qui les ont amenés à mépriser nos valeurs occidentales ; (4 : 144) *"Ne prenez pas pour amis, des non-musulmans"*, (9 : 107) *", ils sont tous les menteurs"*, (28 :86) *"jamais être une aide pour les non-croyants"*, (76 :24) *"n'obéit pas ... à tout ... non-musulman »* (Même la police ou les autorités, ou à toute loi non-charia !) L'Islam déteste l'Occident, notre mode de vie et les valeurs libres. Il enseigne très activement cette haine à des millions des musulmans.

Le Coran enseigne aux musulmans qu'ils seront couronnés de succès et que les non-croyants seront toujours perdants. La déclaration (47 :32) *« ceux qui ne prennent pas ... le chemin d'Allah ... Il fera leurs actions infructueuses"*, peut être examinée et prouvée fausse. Il n'y a pas une seule nation islamique dans les dix nations les plus prospères du monde (par le PIB global). L'Indonésie est la première nation islamique et se place au 16ème rang, juste devant les Pays-Bas, plutôt non religieux, qui ont un PIB similaire, mais une population dix-neuf fois plus petite. Ce n'est pas parce que les musulmans ne travaillent pas dur, mais parce que la culture islamique et la charia entravent la croissance économique. N'y a-t-il pas des milliers de musulmans qui mendient, qui risquent leur vie pour se rendre à l'Europe, aux Etats-Unis et en Australie pour trouver du travail ? De nombreux pays non-musulmans sont plus prospères que les nations islamiques, ceci est un fait indéniable. Nous devons montrer que ce que le Coran dit est faux. Dès que les islamistes comprendront que le Coran n'est ni parfait, ni infaillible, ils commenceront à douter qu'il est la parole de Dieu. Leur confiance dans le djihad tombera rapidement.

L'Islam a été inventé au Moyen Age par un homme élevé dans le spiritisme païen. Il a été initié dans la clairvoyance pour parler avec les démons. Il est devenu un chef de guerre religieux. Au cours de sa vie, il a tué des milliers de personnes, et a décapité des centaines de Juifs en un seul jour. Il a eu plusieurs esclaves sexuelles et a épousé une fillette de six ans. Il a même brûlé des gens vivant dans leurs maisons pour ne pas avoir assisté aux prières de sa religion. Après sa mort, sa religion a été propagée par la guerre, en envahissant une grande partie de la terre. Son avance a été finalement arrêté par la puissance supérieure des Européens, en Europe, en Afrique et en Asie. La culture islamique n'a jamais subi de phénomène comme la Réforme ou les Lumières. Son livre sacré, le Coran, n'a jamais été soumis à la critique intellectuelle comme l'ont subi la Torah juive et la Bible chrétienne à travers les temps. C'est seulement de nos jours que l'attention critique se porte sur la découverte de ses prescriptions violentes, meurtrières, xénophobes et misogynes. En fait, son contenu n'a pas passé le test de la vérité. Il contient de graves erreurs scientifiques, historiques, littéraires, des défaillances flagrantes de logiques et beaucoup d'autocontradictions. Un livre qui se prétend parfait et infaillible, mais rempli de défauts et d'incohérences, ne peut pas être un livre dicté par un Dieu sage. Son Allah veut que ses adeptes détruisent, tuent et pillent tous ceux qui sont en désaccord avec lui. Son Prophète promet à chacun d'eux un démon personnel. Ce n'est pas la foi que nous reconnaissons. Aujourd'hui, l'islam et son livre sacré échouent le test de la raison et de la paix auquel il aurait dû être soumis les siècles passés. Par conséquent l'islam ne peut que tomber. C'est seulement une question de temps. C'est à nous dans les pays de l'Ouest de décider si nous voulons une mort lente de l'islamisme, avec son cortège de barbaries, avec des groupes islamistes comme ISIS et Boko Haram, ou si nous voulons sa disparition rapide.

Deuxième Partie –
La Charia et les Droits de l'Homme

Voici une comparaison directe, article par article, des dispositions fondamentales de la Déclaration Universelle des Droits de l'Homme de l'ONU et de la loi de la Charia.

1. Article Une déclare que tous les êtres humains sont libres et égaux, mais la Charia reconnaît et tolère l'esclavage, par exemple, (C2:221) *"Un esclave ... vaut mieux qu'un non-croyant libre .."* et nie également l'égalité, comme en (C4:34), *"les hommes sont en charge des femmes ..."*. Le célèbre commentaire de Ibn Kathir sur le Coran explique ; *"Les hommes sont supérieurs aux femmes, et un homme est mieux qu'une femme"*. Dans plusieurs pays du Moyen Orient, une femme ne peut pas quitter sa maison sans la permission de son mari ou de son gardien masculin.

2. Le deuxième Article indique qu'il ne devrait y avoir aucune discrimination contre quiconque en raison de son statut, mais la Charia pratique une discrimination fondée sur de nombreuses bases, la religion, le sexe, les préférences sexuelles. Par exemple, selon la charia les organismes de bienfaisance sous la charia ne doivent pas aider les non-musulmans et doivent donner une partie (une huitième des fonds reçus) pour financer le djihad (voir C28:86; *"n' aidez jamais les non-croyants"* / Umdat al Salik, « Reliance du Voyageur », H8.7, H8.17 , H8.24).

3. Le droit à la vie, à la liberté et à la sécurité est également nié par les dispositions de la Charia, l'adultère est passible d'une peine de mort en vertu de la règle (HSM 17/4192) *"Allah a ordonné ... la lapidation (à mort)"*. Selon la Charia, quitter l'Islam est un crime, ainsi que le blasphème (toute

critique de la religion, du Prophète, ou d'Allah comprise)
donnent tous deux, lieu à la peine de mort.

4. Comme déjà constaté, **la règle interdisant l'esclavage** est
enfreinte par la Charia. Les dernières informations disent que
près de 4% de la population de la Mauritanie sont des
esclaves dans un système maintenu en place par la Charia.
(Source CNN ; Point tournant pour le dernier bastion de
l'esclavage) L'esclavage sexuelle est permis sous la Charia.
(C33:50) *"Nous vous avons rendu licite ... celles (esclaves)
que ta main droite possède"* et (C4:24) *"Les femmes mariées
vous sont interdites, sauf ces captives que votre main droite
possède"*

5. **L'interdiction de la torture, des traitements cruels ou
dégradants** est également ignorée. La pratique cruelle des
mutilations génitales féminines est prescrite de la Charia. La
croissance rapide de cette pratique dans les pays de l'Ouest
est due uniquement à l'immigration islamique. Dans nombre
de pays islamiques des individus étant lapidés à mort pour
adultère ou flagellé pour des relations sexuelles hors-
mariage. Même les mains des voleurs doivent être coupées ;
"Le voleur, mâle et femelle, ampute leurs mains" (C5:38). Les
hommes sont autorisés à battre les femmes, (C38:44) *"prenez
dans votre main un bâton et battez-la avec"*.

6. **Toute personne a droit à la reconnaissance en tant que
personnalité justiciable,** mais la Charia peut réduire une
femme à être une simple propriété de l'homme en tant
d'esclave sexuelle (voir C33:50, 4:24, 23:6, 4:3 *"celles qui
votre main droite possède"*). Dans les pays comme le Maroc,
des milliers de personnes sont nées du viol, des affaires
extraconjugales ou aux mères célibataires. Leurs naissances
n'ont pas été enregistrées parce que leurs mères craignaient
d'être poursuivies pour des rapports sexuels illégaux. Ces
personnes, enfants et adultes, n'ont aucun droit et sont

exclus de l'éducation, des soins de santé et de la sécurité sociale, elles ne peuvent pas voter. (Sources Euronews "Les enfants apatrides du Maroc" / UNICEF)

7. Le présent article dit que tous sont égaux devant la loi. Mais selon la charia, ***"aucun musulman ne doit être tué pour avoir tué un non-musulman"*** (SB 9/50), comme une référence faite à (C5:45) ***"une vie pour une vie"***. Ainsi les musulmans ont une protection juridique plus grande que les non-musulmans en vertu de la Charia. Aussi le témoignage d'une femme ne vaut que la moitié de celle d'un homme, ***"La preuve apportée par deux femmes n'est-elle pas équivalente à celle d'un seul homme ?... C'est l'insuffisance de leur intelligence"*** (HB 6/301, voir aussi C2:282).

8. Cet article dit que tout le monde devrait avoir le droit à un recours effectif contre toutes les violations des droits humains dont ils sont victimes, mais comme nous l'avons vu la charia ne reconnaît pas la plupart des droits de l'homme ! Par exemple le droit d'une femme à la sécurité est frappé de nullité par des règles qui permettent à un homme de battre une femme, ***"il ne sera pas demandé à un homme la raison pour laquelle il a battu sa femme"***. (C4:34, HAD11/2142)

9. Il ne devrait y avoir aucune arrestation ou exil arbitraire, mais en vertu de la Charia, pour autoriser une punition tout ce qui est nécessaire c'est une "*fatwa*", une déclaration faite par un mufti, un religieux musulman non-élu et non-responsable politiquement.

10. Le droit à un procès équitable devant un tribunal impartial, est inexistant en vertu de la Charia. Un tribunal islamique étant un corps religieux, il ne peut absolument pas être impartial en matière d'apostasie (l'abandon de la religion), de conversion à une autre religion, pour blasphème, et autres crimes religieux.

11. Le droit à la présomption d'innocence et la limitation des peines prévues par la loi sont compromises par la charia. Il est clair que beaucoup des peines prévues par la Charia sont contraires à la Déclaration Universelle de l'ONU, qui pourtant établit la norme en droit international.

12. Confidentialité de la vie privée, du domicile, et de la correspondance sont garantis par l'article 12, mais la Charia condamne des actes privés et punit publiquement les gens pour, entre autres, l'homosexualité, l'adultère, les relations sexuelles extraconjugales, pour l'absorption d'alcool et des déclarations privées exprimant un désaccord avec l'Islam. Suivant des actes de Mahomet l'adultère est pénible de la peine de mort. *"une femme de Ghamid vint à lui (le Saint Prophète) et dit : « Le Messager d'Allah, j'ai commis l'adultère, alors purifie-moi »' Puis Muhammad a prononcé la punition, Et elle a été mise dans un fossé jusqu'à sa poitrine et Il commanda les gens et ils la lapidèrent... ". (SM 17/4206)*

13. Le droit de libre circulation des personnes n'est pas respecté par la Charia. De vastes régions d'Arabie Saoudite sont fermées aux non-musulmans, et dans les Etats du Golfe comme Dubaï des travailleurs étrangers ne sont pas autorisés à quitter le pays sans l'autorisation écrite de leurs employeurs. Les employeurs confisquent leurs passeports. Ceci inclut des femmes étrangères célibataires enceintes qui tentent de rentrer chez-elles pour éviter d'être poursuivies pour des relations sexuelles illégales hors-mariage. (Source BBC "enceintes et enchaînées")

14. L'article 14 accorde le droit de demander l'asile contre la persécution, mais la Charia ne reconnaît pas le droit aux musulmans de quitter leurs pays islamiques pour échapper aux poursuites et à la punition sévère pour blasphème, apostasie et autre pensée ou expression non-islamique. Il y a un certain nombre de cas médiatisés en Arabie Saoudite (Raif Badawi), Pakistan (Asia Bibi) et ailleurs où les individus sont incarcérés pour des crimes de conscience et interdits de demander l'asile à l'étranger.

15. Le droit à la nationalité est l'un des rares droits qui ne sont pas beaucoup touchés par la Charia. Mais certains pays de la Charia, comme les Maldives, ne permettent pas aux non-musulmans de devenir citoyens, ne leur accordant qu'un statut inférieur de « Dhimmi ». Les personnes dont la naissance n'était pas enregistrée ne peuvent pas obtenir des documents d'identité pour voyager. (Sources Euronews "Les enfants apatrides du Maroc" / UNICEF)

16. Le droit de se marier par consentement, les deux conjoints ayant des droits égaux en droit au cours du mariage et lors du divorce est violé par la Charia. Des hommes musulmans peuvent avoir jusqu'à quatre épouses, violant ainsi l'égalité, et il est interdit aux femmes musulmanes de se marier à un non-musulman. Pour une femme, ***"son silence signifie son consentement"*** (SB9/85/79) selon la Charia. En réalité de nombreux mariages dans les mosquées sont réalisés en la seule présence de l'homme. Les droits au divorce sont inégaux, un homme n'a qu'à dire ***"talaq"*** *(littéralement **"je-vous-divorce"**)* trois fois (C65:1-12), alors qu'il est très difficile pour une femme de répudier son mari. Dans les jugements de divorce, la garde, ni même le droit de visite, n'est accordé aux femmes non-musulmanes.

17. Le droit à la propriété est également remis en cause dans la Charia, la propriété dans les couples mariés revenant seulement au mari. En cas de divorce, la femme peut être laissée sans rien. En cas d'héritage familial, une femme ne recevra que la moitié de ce que reçoit un homme: ***"le mâle aura la part des deux femelles"*** (C4:11-12, 176).

18. La liberté de la pensée, de la conscience, et de la religion, et le droit de la manifester publiquement, ou d'en changer, accordée par l'article 18 de la Déclaration des Nations Unies, est en contradiction totale avec la charia qui ne permet aucune position contraire à l'Islam d'être exprimée publiquement. *"Nul n'a le droit d'être vénéré sauf Allah"* (SB59/643). Il n'y a pas de liberté de religion sous la Charia. Souvent les membres d'autres religions sont harcelés, persécutés et poursuivis pour toute manifestation d'une autre croyance. Toute personne désireuse de quitter l'islam se voit condamnée à mort automatiquement ; *"Celui qui change de religion islamique, il faut le tuer"* (SB9/84/57).

19. La liberté d'opinion et d'expression est sévèrement limitée en vertu de la charia, la liberté d'exprimer un point de vue contraire à l'Islam n'existe pas. Dans les pays de la Charia, les médias, les médias sociaux compris, sont tous très censurés. (C8:39,2:193) *"Faites la guerre contre eux jusqu'à ce que l'idolâtrie (toute idée non islamique) disparaisse..."*

20. Le droit de réunion pacifique est également très limité, il n'y a pas le droit d'avoir des églises, des écoles du dimanche, des chorales gospel, des cours de yoga, les clubs gays ou même des associations féministes dans les pays comme l'Arabie Saoudite.

21. Tout le monde a le droit de prendre part à la politique, mais sous la charia un non-musulman ne peut exercer aucune autorité sur un musulman *"n'obéis pas ... à aucun non-musulman"* (C76:24). En pratique, la ségrégation des sexes dans le cadre de la Charia signifie que les femmes ne peuvent pas occuper de fonctions publiques. Les milliers des personnes dont la naissance n'était pas enregistrée n'ont pas de droit de vote. (Sources Euronews "Les Enfants Apatrides du Maroc" / UNICEF)

22. Le droit à la sécurité sociale et l'éducation a une certaine réalité dans les systèmes de Charia, mais les règles de charité Zakat dit ***"n'aidez jamais… un non-musulman"*** (C28:86). La Charia censure les programmes scolaires afin qu'ils ne contredisent pas les croyances islamiques. Pour une discussion sur ces contradictions vous pouvez reporter à "**Islamic Apocalypse**" ; Quatrième, Cinquième et Sixième Parties.

23. Le droit universel au travail, à un salaire équitable, à l'égalité de rémunération et de rejoindre un syndicat n'est respecté par la charia, il n'y a pas d'égalité pour les femmes dans l'Islam. Les femmes musulmanes devraient rester à la maison (C33:33) ***"Les femmes … restent dans vos maisons"***. Cela entrave considérablement la croissance économique dans de nombreux pays, l'Agence Américaine pour le Développement International indique, ***"pour une société qui n'intègre pas les femmes dans son économie, les conséquences à long terme sont susceptibles d'être graves"***. Sous la Charia le prêt d'argent pour à intérêts est illégal, (C2:275) ***"Allah… ne permet pas l'usure (le prêt à intérêt) … il vous l'interdit"***. Cela interdit effectivement tous les services bancaires d'investissement, des prêts hypothécaires, les prêts personnels et la plupart des assurances, autant d'outils de développement économique.

24. En ce qui concerne **le droit au repos et aux loisirs, et la limitation d'heures travaillées,** la Charia ne prend aucune disposition à cet effet, sauf pour permettre un temps de prière. Ainsi, de nombreux travailleurs dans les pays islamiques travaillent des très longues heures pour des salaires très bas, ou sont payés à la pièce.

25. L'article 25 garantit le droit à un certain niveau de vie, aux droits de maternité et à l'égalité pour les enfants illégitimes. Statistiquement les nations islamiques sont beaucoup plus pauvres que ceux de l'Ouest, et peuvent ne pas correspondre aux normes occidentales de la vie. Les mères célibataires dans de nombreux pays musulmans sont souvent emprisonnées pour adultère et forcées de donner naissance à leurs enfants en prison. La progéniture des relations extra-conjugales va vivre avec leurs mères emprisonnées. (Source BBC)

26. Le droit à une éducation qui doit promouvoir de la tolérance et le respect, soumettant ceci au choix des parents échoue avec la Charia. Les écoles Charia sont 100% coraniques et le Coran contient de nombreux versets qui promeuvent l'antisémitisme, la violence contre les femmes et le terrorisme. Le Coran enseigne ; *"Ne prenez pas les juifs et les chrétiens comme des amis ... ils sont des gens qui ne comprennent rien ... la plupart sont mauvais ... des singes et des porcs"* (C5: 51-60) *"ces femmes dont vous craignez la désobéissance ... battez-les "*(C4: 34) et *"semez la terreur dans les cœurs des non-musulmans ... les combattre jusqu'à ce que toute la religion soit pour Allah"* (C8:12,39). Pour des listes de tels versets vous pouvez vous reporter à "Islamic Apocalypse".

27. La vie culturelle, les arts et les sciences, y compris les droits de propriété intellectuelle sont couverts par cet article. La Charia interdit toute culture non islamique et ne prévoit pas de lois de protection du droit d'auteur. Une grande partie de la science dans le Coran s'est révélée fausse, par exemple, la terre n'est pas plate (C79:30) *"La Terre ... il l'a fait plate"*, la constitution d'un fœtus ne commence pas par la formation des os, suivi de la chair qui viendrait les recouvrir (C23:14) *"les os sont formés et puis sont vêtus de chair"*, ou concernant la physique *"le soleil se prosterne sous le trône jusqu'à ce qu'il obtienne la permission de monter à nouveau"* (C18:86, SB4/54/421) et beaucoup d'autres versets erronés. Parce que la Charia interdit tout ce qui remet en question le livre sacré de l'islam, même l'enseignement de la science doit être fortement censuré.

28. Le respect pour la garantie sociale et internationale des droits de l'homme est sérieusement érodé par la Charia, qui n'est que l'application juridique littérale du contenu du Coran et des autres livres sacrés islamiques. Le Coran contient plus d'une centaine d'injonctions à entreprendre le djihad physique ; *"Semez la terreur dans les cœurs des non-musulmans ..."* (C8:12), *"Faites la guerre contre eux jusqu'à ce que ... toute religion est celle d'Allah"* (C8:39), créant ainsi une obligation en vertu de la charia de répandre l'Islam par la violence, ceci étant en totale opposition à la culture des droits de l'homme. Tous les manuels classiques de la charia indiquent clairement que *"la guerre contre les non-musulmans"* est *"obligatoire pour tous les musulmans"*. (Source : Umdat al Salik, Reliance du voyageur. La traduction autorisée de l'Université Al Azhar donne cette définition ; (o9.0) *"djihad signifie la guerre contre les non-musulmans, et est étymologiquement dérivé du mot mujahada, signifiant la guerre pour établir la religion."*)

29. Cet article reconnaît que nous avons des devoirs envers la communauté en assurant un environnement positif pour le développement personnel de tous. Selon la Déclaration Universelle de l'ONU, il est expressément interdit de limiter ces droits de l'homme. Mais la Charia, en imposant une vision particulière du monde, limite les choix et la plupart des droits et libertés fondamentaux affirmés par la Déclaration des Nations Unies.

30. Rien dans la Déclaration permet aux pays de détruire les droits et libertés qui y sont décrites, mais plusieurs pays musulmans qui l'avaient initialement signée, ont depuis violé ses garanties. Regardez le manque total de la liberté religieuse en Iran, le meurtre de civils par les forces gouvernementales en Syrie, et aussi la suspension actuelle des droits de l'homme en Turquie, où le gouvernement islamiste a mis en détention des dizaines de milliers de citoyens sans procès.

Comme vous l'avez lu, tous les articles de la Déclaration Universelle des Droits de L'homme de L'ONU sont en quelque sorte contrés par des dispositions de la charia. En raison de l'incompatibilité fondamentale de la charia et des droits de l'homme, certains pays islamiques comme l'Arabie saoudite ont toujours refusé de signer la Déclaration Universelle de l'ONU. Les 56 nations musulmanes de l'Organisation pour la Coopération Islamique, même si certaines sont signataires de la charte de l'ONU, ont conclu un accord alternatif, connu sous le nom de Déclaration du Caire qui stipule que ***"tous les droits et libertés sont soumis à la charia"*** et ***"Il n'y aura de crime ou de peine que ceux prévus par la charia"***. Cela invalide ainsi de nombreux droits et protections de la Déclaration de l'ONU. Par exemple, elle rétablit la lapidation à mort des personnes adultères ainsi que la peine de mort pour le blasphème et l'apostasie. La Charia ne peut pas évoluer avec le temps, étant basée uniquement sur les paroles et l'exemple du Prophète. Elle restera toujours ancrée dans les valeurs barbares du 7ème siècle.

Troisième Partie –
La vague croissante de terreur

La chute de l'Empire Ottoman fut la première fois depuis l'époque de Mahomet qu'il n'y avait pas de califat islamique. Même si peu ait été écrit sur le sujet à l'époque, c'était un bouleversement pour tout l'Islam. Aucune autorité islamique centralisée n'existait plus. Des nombreux pays musulmans étaient soumis à la domination coloniale britannique ou française. Cela a généré beaucoup de ressentiment parmi la communauté musulmane, qui à son tour a engendré des mouvements nationalistes arabes dans plusieurs pays. Des révoltes infructueuses ont été organisées contre les puissances coloniales. Mais un peu de temps avant la Deuxième Guerre mondiale l'Islam a commencé à redevenir une force politique.

Après être arrivé au pouvoir en Allemagne, Adolf Hitler a développé une alliance étroite avec le Grand Mufti de Jérusalem. Tous deux partageaient une haine profonde envers les Juifs et cherchaient conjointement à répandre un jihad islamique antisémite à travers le Moyen-Orient. Le Parti Nazi a aidé à financer la grande révolte arabe des Frères Musulmans de 1936 à 1939 et a payé pour une imprimerie et des stations radio (pour plus d'informations, voir Brynjar Lia. " Les Frères Musulmans d'Egypte ", p175). La disponibilité de la communication de masse a permis à l'adhésion à la Fraternité de passer d'environ 800 membres en 1936 à plus de 2 millions de partisans douze ans plus tard. Leur message de nationalisme islamique et de lutte armée contre le pouvoir non musulman a changé le paysage politique de tout le Moyen-Orient. Une distribution massive des copies du Coran a donné naissance a une nouvelle génération prête à faire le djihad pour établir le règne d'islam. Mais le monde islamique manquait encore de leadership international et en 1972, ce qui s'appelle maintenant l'Organisation pour la Coopération Islamique (OCI) a été fondée. Selon sa charte, son but est de "maintenir" les valeurs islamiques.

L'année suivant sa création, des membres de l'OCI, l'Égypte et la Syrie, ont mené des attaques surprises coordonnées contre l'Israël, qui ont mené à la Guerre du Yom Kippour. Ils l'ont fait avec le soutien de l'Arabie Saoudite qui, dans les mois qui ont précédé les attaques, s'est décidé d'utiliser le prix du pétrole comme arme de guerre pour l'Islam. Leur but était d'effacer l'Israël de la carte. Les Etats-Unis ont immédiatement aidé Israël dans ce conflit et, en représailles, l'Organisation des Pays Arabes Exportateurs de Pétrole, tous membres de l'OCI, a mis en place un embargo pétrolier qui a conduit très rapidement à un quadruplement des prix de l'huile brute. Cela a non seulement eu pour effet de déclencher un ralentissement économique brutal en Occident, mais a aussi causé une grande richesse aux pays exportateurs de pétrole, en particulier l'Arabie Saoudite et les États du Golfe. Les prix du pétrole sont depuis lors restés une arme de guerre économique.

L'augmentation considérable des recettes pétrolières perçues par l'Arabie Saoudite et d'autres États du Golfe a ouvert des nouvelles possibilités pour la diffusion de l'Islam. Des milliards de dollars ont été rapidement consacrés à la construction de mosquées et à la formation d'imams salafistes radicaux envoyés dans toutes les régions du globe. Le cours du pétrole est devenu une arme politique pour persuader aux pays occidentaux d'accepter des programmes de construction de mosquées et de prosélytisme islamique. Des millions de copies du Coran avec ses versets incitant au terrorisme ont été imprimées en Arabie Saoudite et distribuées dans le monde entier. C'est là qu'a commencé la vague d'islamisme qui déferle actuellement sur le monde entier.

La recrudescence de la ferveur islamique qui a suivi la naissance de l'OCI a rapidement portée ses fruits. En 1979, une révolution a eu lieu en Iran, où le Shah a été déposé et remplacé par un régime islamique sous la direction des Mullahs. Selon l'Ayatollah Khomeini qui a dirigé la révolution, le Shah pro-occidental s'était « ***engagé sur la voie de la destruction de l'islam en Iran*** ». Peu de temps après, une guerre exténuante a éclaté avec l'Irak, lorsque les Ayatollahs ont appelé la majorité chiite du pays à se lever et à renverser le gouvernement sunnite. Cette ingérence dans les affaires irakiennes a rencontré une réaction violente. Une guerre de huit ans a suivi, au cours de laquelle plus d'un million de soldats ont perdu la vie sans que l'un ou l'autre camp remporte la victoire. La dette persistante de cette guerre a à son tour poussé le dictateur Irakien Saddam Hussein à envahir les champs pétroliers du Koweït et certaines parties de l'Arabie Saoudite en 1991.

Avec les approvisionnements pétroliers en Amérique et d'autres pays occidentaux menacés, les représentants islamiques ont proposé de négocier une retraite du Koweït en échange du retrait d'Israël des gains réalisés lors de la Guerre des Six Jours de 1967. Les négociateurs occidentaux refusèrent de lier la question d'Israël. Une coalition internationale dirigée par les États-Unis et opérant dans le cadre d'un mandat de l'ONU a libéré le Koweït lors de la Première Guerre du Golfe. Mais l'intervention occidentale dans les affaires des pays musulmans a suscité une réaction très hostile dans le monde musulman.

En particulier, certains musulmans étaient fâchés que l'Arabie Saoudite ait autorisé des troupes américaines à pénétrer pour défendre son territoire « sacré », au lieu de s'appuyer sur des milices islamiques récemment formés comme l'Al Qaeda, dirigé par Oussama bin Laden. En 1993, l'Al Qaeda a attaqué le World Trade Center à New York, menaçant d'autres attaques à moins que les Etats-Unis ne cessent d'interférer *"avec les affaires intérieures des pays du Moyen-Orient"*. Le terroriste principal dans cette attaque, Ramzi Yousef, était neveu de Khalid Sheikh Mohammed, un chef d'Al Qaeda, le cerveau principal des attentats du 11 septembre 2001.

Avant l'arrestation de Yousef en 1995, Al Qaeda prévoyait le détournement simultané de plusieurs avions de ligne américains au-dessus du Pacifique, mais les plans ont été perturbés. C'est à cette époque que le groupe terroriste a élaboré un plan de 20 ans pour établir un nouveau califat islamique et de déclencher une troisième guerre mondiale entre l'islam et le reste du monde. Sept étapes ont été envisagées ; le premier, au cours de la période 2000-2003, consistait à utiliser des attaques terroristes de haut niveau pour sensibiliser les musulmans du monde entier à leur devoir religieux d'entreprendre le jihad contre l'Occident. La deuxième phase, de 2004 à 2006, devait préparer une génération de guerriers potentiels, suivie en 2007-2010 par des soulèvements en Syrie et en Irak. La quatrième phase 2011-2013 impliquerait la déstabilisation des gouvernements nationaux et la cinquième impliquait la mise en place d'un nouveau califat d'ici 2016. A partir de là, il y aurait une confrontation totale avec l'Occident menant à une victoire finale sur le reste du monde par une armée de plus d'un milliard de musulmans.

Ces étapes ont été bien décrites dans un article paru dans Der Spiegel en 2005, et il est effrayant de voir à quel point les prédictions se sont révélées depuis. Les multiples attaques en Amérique utilisant des avions de ligne détournés le 11 septembre 2001 ont fait des milliers de morts et de blessés. Cela faisait partie de la première étape de ce plan d'action. Les images télévisées en direct de l'effondrement des tours jumelles du World Trade Center ont attiré l'attention du monde entier. Al Qaeda et d'autres ont utilisé les guerres consécutives en Afghanistan et en Irak pour attiser la colère musulmane contre l'Occident pour avoir tué des musulmans dans leurs propres terres. Les attentats du 7 juillet 2005 à Londres, dans le cadre de la deuxième étape, nous ont montré comment les islamistes « natifs » pouvaient être utilisés de manière meurtrière contre les citoyens de leur propre pays. Nous avons vu beaucoup d'activités terroristes en Irak, et certaines en Syrie, au cours de la troisième phase, puis en 2011, les révoltes du Printemps arabe ont eu lieu dans de nombreux pays d'Afrique du Nord et du Moyen-Orient. La Syrie, l'Irak, la Libye et l'Egypte ont été plongés dans la tourmente, la guerre civile et la guerre civile qui continuent aujourd'hui. Et l'objectif global de capturer du territoire et de déclarer un nouveau califat a été atteint par l'État islamique, un groupe qui venait de se séparer d'Al Qaeda, le 29 juin 2014.

La dernière étape, où nous sommes maintenant, est pour le Califat d'essayer de vaincre le monde entier pour l'Islam. La crise des réfugiés due au chaos en Syrie et en Irak était alors provoquée et manipulée pour couvrir des milliers d'islamistes qui allaient migrer vers l'Europe et l'Amérique pour y mener le djihad. Les statistiques des services de sécurité en Europe montrent que des milliers de djihadistes se sont infiltrés dans la Union Européene. Il y a eu deux fois plus d'arrestations pour terrorisme depuis la déclaration du califat. Les attentats sanglants que nous avons vus depuis fin 2015, à Londres, Manchester, Bruxelles, Paris, Nice, Barcelone et ailleurs, ne sont qu'un avant-goût de ce qu'ils ont prévu. Jusqu'à ce point tout semblait d'aller conformément au plan d'Al Qaeda.

Alors qu'Al Qaeda travaillait sur son plan de 20 ans, l'OCI aussi, avait une série de programmes de 10 ans pour inciter l'Occident à accepter l'Islam et la Charia en utilisant la persuasion diplomatique, politique, et surtout financière. Au

Royaume-Uni, les conseils de la charia ont été autorisés à être utilisés comme moyen de résoudre les disputes entre Musulmans, les divorces et les questions familiales comprises. Une porte dangereuse avait été ouverte. Partout dans le monde, des incitations économiques ont été offertes à de nombreux gouvernements pour adopter des lois sur le blasphème afin d'interdire toute critique de l'islam. Le but ultime de ces lois est de protéger l'Islam contre un examen politique ou intellectuel qui pourrait l'opposer ou même le détruire. Partout dans le monde, des politiciens favorables à l'islam ont été recrutés et leurs voix politique achetées. Saviez-vous que la famille de l'aide personnelle la plus proche de l'ancien Secrétaire d'État Américain Hillary Clinton était liée aux Frères musulmans et à l'OCI ? Cette politique a commencé à porter ses fruits, comme le projet de Résolution de l'ONU « A/HRC/16/L.38 » présenté par le Pakistan au nom de l'OCI. Ce document vise à mettre un terme à tout type de profilage par les gouvernements nationaux de personnes « *fondées sur la religion ou la conviction* ». Cela semble séduisante. Une bonne idée peut-être ? Pas du tout ! Parce que les croyances, y compris les croyances religieuses, déterminent les actions des gens. Il y a des systèmes de croyances qui excusent, et même encouragent la haine et la violence, comme nous avons constaté. L'ONU devrait signaler ces idéologies comme dangereuses et chercher à les détruire.

L'OCI a également utilisé beaucoup d'argent du pétrole pour persuader les pays non islamiques d'appuyer son programme aux Nations Unies. Un autre résultat de telles initiatives politiques était la récente déclaration de l'UNESCO qui a reclassé le Mont du Temple à Jérusalem comme un site d'intérêt exclusivement islamique, niant son riche héritage juif et chrétien. C'est un autre exemple de révisionnisme à l'œuvre, tout comme le révisionnisme du Coran. Le Secrétaire général a été choqué par cet abus de l'ONU et a déclaré :

"Tout engagement perçu de répudier la révérence commune indéniable pour ces sites ne sert pas les intérêts de la paix et ne fera que nourrir la violence et le radicalisme". Et pendant tout ce temps, les Frères musulmans aux USA ont travaillé dur pour atteindre leur objectif déclaré de *"détruire la civilisation occidentale de l'intérieur"*. L'Arabie saoudite et d'autres Etats du Golfe riches en pétrole, ont bien sûr continué leur vaste projet de construction mondiale de mosquées pour continuer la diffusion de salafisme radical. Selon le vice-chancelier de l'Allemagne Sigmar Gabriel ; *"il faut préciser que le temps de détourner le regard est révolu : les mosquées wahhabites sont financées dans le monde entier par l'Arabie Saoudite. Dans l'Allemagne, de nombreux islamistes dangereux viennent de ces communautés"*.

Nos gouvernements ont manqué de comprendre quel impact un exemple vivant du vrai Islam mahométan aurait sur le monde d'aujourd'hui. Les cascades publicitaires de l'État islamique ont peut-être attiré quelques milliers de recrues mais ont fait perdre à l'islam des centaines de milliers de croyants. Il a aussi fait comprendre à des millions de personnes occidentales que l'Islam est une chose mauvaise et cela était une clé importante dans l'élection de Donald Trump. La plupart des musulmans occidentaux ont été endoctrinée avec le mensonge tactique selon lequel l'Islam était une "religion de paix". Et pensant que c'était vraiment cela, ils ont rejeté la barbarie des États islamiques. Ces musulmans n'ont jamais vraiment étudié le Coran. En regardant autour du monde musulman, ils ont commencé à se retourner contre la brutalité de la charia. Après avoir été exposés aux manières plus raisonnables et tolérantes de l'Occident, ils se sont retournés contre ce qu'ils considéraient être l'extrémisme radical. Ainsi, quand nous voyons une statistique qui dit qu'un quart des musulmans de l'ouest soutiennent le jihad violent, cela signifie que les trois quarts, une grande majorité, le rejettent. Ils rejettent le vrai Islam de Mahomet.

En effet, la plupart des enfants musulmans nés en Occident sont mal à l'aise lorsqu'ils visitent les terres natales de leurs parents et ne sont pas d'accord avec les méthodes islamiques qu'ils voient là-bas. Ils ne veulent pas de tout en faire partie. Certains ont encore fait semblant d'être musulmans pour plaire à leurs parents et aux autres dans leur communauté. Mais maintenant, ils sortent. En se posant des questions sur ce que leur religion représente réellement et en trouvant les vraies réponses, des milliers de personnes s'en sont détournées, abandonnant simplement l'Islam ou se convertissant au christianisme. Tout comme les siècles passés, dans les Lumières, les Européens se sont détournés de la religion aveugle et sont passés à l'âge de la raison. Aujourd'hui, les musulmans d'Occident viennent dans une nouvelle ère d'une nouvelle compréhension. L'attention rationnelle et critique qui a été tournée vers le christianisme et le judaïsme à cette époque, sera maintenant donnée à l'Islam. Et pour cette raison le renouveau islamique s'achèvera brusquement.

Quatrième Partie –
La radicalisation dévoilée

Des études de cas de terroristes condamnés et de partisans du terrorisme ont montré qu'ils provenaient de milieux divers, certains riches, d'autres pauvres, certains instruits, d'autres pas. Pourtant, certains facteurs personnels sont systématiquement trouvés dans la recherche, l'un d'entre eux est la dépression et un autre moins surprenant est l'isolement social.

Cette révélation nous aide à comprendre le point d'entrée pour beaucoup dans le processus de radicalisation. Fondamentalement, ce sont des individus frustrés par leur vie à plusieurs niveaux. Les recruteurs de terreur peuvent les identifier et les identifier assez facilement, puis les cibler avec des questions comme ; *"Votre vie est en désordre ?"* leur disant : *"C'est parce que vous ne suivez pas la voie d'Allah, regardez le monde, c'est dans un état terrible parce que les gens ne vivent pas dans la voie d'Allah"*. La conversation continue, *"Voulez-vous changer votre vie, alors venez à notre groupe spécial d'étude Coranique, vous vous ferez de bons amis là-bas"*.

La promesse d'une vie meilleure et l'inclusion dans un nouveau groupe social est très attrayante pour des recrues solitaires, alors ils vont de pair. Lors de la première réunion, l'étude Coranique commence en regardant les promesses qu'Allah pour récompenser ceux qui font sa volonté. (4:74) ***"Quiconque se bat dans la voie d'Allah, nous lui accorderons une vaste récompense."***

Ceci est suivi à la prochaine séance avec des discussions sur l'interprétation du Coran et l'abrogation, puis après quelques semaines le thème du djihad met l'accent sur comment le monde doit être converti, par la force si nécessaire, pour vivre à la manière d'Allah. Il est expliqué que c'est ce que l'Islam est vraiment à propos et que les modérés se trompent. L'accent est mis sur la façon dont la prière régulière cinq fois par jour se termine avec la prière de Du'aa-e-Qunoot chaque musulman déclarant ; *"Le tourment va accabler les incroyants"*. N'est-ce pas une preuve ? chaque musulman qui prie est d'accord que la terreur dévorera tous les non-musulmans. Il a ensuite expliqué, en utilisant le Coran verset 9:14, que ce tourment se fasse par les mains des vrais musulmans. Allah veut punir les non-musulmans et les musulmans doivent obéir au Coran et faire cela pour lui plaire. (9:14) *"Combats-les, Allah les punira entre tes mains."* (2: 193) *" Faites la guerre à eux (les non-musulmans) jusqu'à ce qu'il n'y ait plus d'idolâtrie (toutes les valeurs non-islamiques) et toute la religion est pour Allah."*

Ceci est renforcé par l'étude des paroles de Mahomet et de sa vie en tant qu'exemple à suivre, montrant ainsi comment, dans l'Islam, il est acceptable de combattre et de tuer des incroyants pour obtenir le pouvoir. Mohammed a dit ; *"Allah m'a ordonné de lutter contre les peuples jusqu'à ce qu'ils témoignent que nul n'a le droit d'être adoré sauf Allah."* (Sahih Bukhari 1/2/25). *"Allah désire les tuer (incroyants / non-musulmans) pour manifester la religion"* (Ibn Ishaq, La vie de Muhammad, traduit Hisham, p481). *"Il (Mohammed) a saisi environ quatre cents hommes ... et a ordonné qu'ils soient décapités, Khazraj a coupé leurs têtes avec une grande satisfaction"* (Sirat Rasul Allah, Ishaq trans Guillaume, Notes d'Ibn Hisham)

Puis on dit aux pauvres recrues que le seul moyen de se faire pardonner leurs péchés est de devenir djihadiste. (9:20) *"Ceux qui croient, ont quitté leurs maisons et ont utilisé leurs richesses pour se battre pour la cause ... ont beaucoup plus de valeur ... Ceux-ci ... reçoivent le salut d'Allah."* Le recruteur leur dit, parce qu'ils ont tant péché, le martyre est alors le seul moyen pour eux d'atteindre le paradis où ils seront récompensés par la récompense d'un martyr de 72 belles vierges et de nombreuses richesses. (3:195) *"ceux qui ... ont combattu et ont été tués, en vérité je leur pardons leurs péchés et en vérité je les amènerai dans les Jardins sous lesquels coulent des rivières souterraines - Une récompense d'Allah"* Osama Bin Laden a résumé les croyances islamiques sur l'obtention du pardon et l'atteinte du paradis dans sa première fatwa (août 1996); - *"Les privilèges d'un martyr sont garantis par Allah, le pardon avec le premier jaillissement de sang, il sera montré son siège au paradis, il sera décoré avec les bijoux de la croyance, marié aux beaux, protégé de l'épreuve dans le sécurité grave et assurée au Jour du Jugement, couronné de la couronne de la dignité, un rubis meilleur que tout ce monde et tout son contenu, marié à soixante-douze purs Houris (belles vierges) et son intercession au nom de soixante-dix de ses proches seront acceptés. "* Cela explique pourquoi les kamikazes veulent mourir ! Il est clair que les terroristes seraient que le Coran dit qu'il est important de mourir en tuant les incroyants, (9:111) *"... les croyants ... doivent se battre pour la cause d'Allah et ainsi de tuer et se faire tuer. "* La radicalisation n'est pas un processus compliqué et il y a maintenant des preuves que de nombreux terroristes se sont même radicalisés en ligne, simplement en recherchant eux-mêmes des informations sur l'islam.

L'État islamique a connu un grand succès dans le recrutement de jeunes musulmans à travers le monde avec des vidéos glorifiant leur violence. Régulièrement, des versets du Coran et des hadiths sont citées pour prouver que leurs actions sont vraiment islamiques. Après tout, ce qui est nécessaire, c'est pour le recruteur de discerner quelles sont les recrues qui peuvent être manipulées assez facilement afin qu'elles agissent sur ce qu'on leur a dit. L'étude régulière du Coran sur le 100+ (800+ les hadiths compris) versets qui incitent à semer la terreur par le djihad ne fait que renforcer ce point. Des livres de prières spéciaux sont donnés aux terroristes potentiels, comme celui donné au terroriste de Russel Square, Londres., Un résumé de l'actualité portant sur lui portait l'information suivante ; - *"L'attaquant a été retrouvé avec un livre de prières intitulé « La Forteresse du Musulman ». Il murmura "Allah, Allah, Allah" en arrestation ... Son livre contenait une prière salafiste extrémiste demandant aux disciples de" mourir un shahid ", avant d'expliquer qu'un shahid est : "Celui qui meurt en combattant les kafirs [non-musulmans] afin de rendre la parole d'Allah supérieure ou en défense de l'Islam".*

Cinquième Partie –
Le Dénouement

En matière de terrorisme, 2016 était l'année le plus meurtrière en Europe dans toute l'histoire. Mais la violence de L'islam n'est rien de nouveau. Le philosophe français François Voltaire (1694-1778) a écrit ; -

« Le Coran enseigne la peur, la haine, le mépris des autres, le meurtre comme moyen légitime de diffusion et de préservation de cette doctrine satanique, il maudit des femmes, classe les peuples par croyance, les appels au sang et toujours plus de sang... ce livre inintelligible qui fait frémir le sens commun à chaque page ; que, pour faire respecter ce livre, il porte dans sa patrie le fer et la flamme ; qu'il égorge les pères, qu'il ravisse les filles, qu'il donne aux vaincus le choix de sa religion ou de la mort, c'est assurément ce que nul homme ne peut excuser »

On sait depuis longtemps que L'islam est une chose très dangereuse. Certes, à l'époque, il n'y avait pas d'analyse critique systématique du contenu du Coran tel que nous avons présentée dans notre livre « Islamic Apocalypse ». On ne savait pas comment tuer la bête apocalyptique de l'islamisme. Maintenant on le sait. Le récit de toutes ces erreurs dans le Coran doit être intégré dans notre sagesse culturelle et enseigné à nos enfants et aux enfants de nos enfants, dans des cours de religion comparée et comme de véritables études islamiques. L'Islamisme n'y survivra pas.

Les gouvernements occidentaux ont déjà commencé à revenir sur leur ouverture à la charia. Au Royaume-Uni, les législateurs ont compris que la charia est incompatible avec les valeurs britanniques et qu'ils proscriront bientôt les

Conseils de Charia parce qu'ils sont en train de devenir un système juridique parallèle portant atteinte à la loi du pays. En même temps, beaucoup d'occidentaux ont décidé de se plonger dans le contenu des textes sacrés islamiques, découvrant la réalité de ce qu'ils disent. Ceci, dans un contexte de terrorisme islamique croissant dans les pays occidentaux, a provoqué une réaction de base. Un mélange d'indignation juste et de révolte a rapidement changé le paysage politique dans plusieurs pays. Contre toute attente, nous avons maintenant certains politiciens qui sont prêts à se dresser contre l'islam au lieu d'apaiser le monde musulman.

Que l'on considère cela politiquement et intellectuellement, que l'Islam est un système de croyances idéologiques qui menace notre société tolérante et égalitaire, ou simplement spirituellement, qu'il est simplement satanique et maléfique, la conclusion est la même. Des mesures doivent être prises pour protéger nos libertés démocratiques de l'islamisation. La Cour Européenne des Droits de L'homme a jugé la démocratie et l'islam mutuellement incompatibles. Nous voyons que ces idéologies sont de plus en plus en guerre les unes avec les autres. Comme c'est évidemment vrai, nous devons choisir entre eux. C'est du bon sens rationnel. Même le plus ardent athée ou laïc doit admettre que vous pouvez construire une société égalitaire pacifique sur une philosophie de *"aimer votre prochain"* et *"aimer vos ennemis"* (Evangile de Marc 12:31, Evangile de Luc 6:27), mais ne peut pas le faire sur cette croyance de *"tuez les incroyants partout où vous les trouvez"* et *"Quant à ces femmes desquelles vous craignez ... la désobéissance ... battez-les"*. (Coran 2: 191/4: 34)

Islamophobie redéfinie
Trop souvent, tout critique de l'Islam, ou les problèmes que viennent avec, est qualifié d'islamophobie. Mais cette tactique de blocage de crier « de l'islamophobie » chaque fois que on dit quelque chose de négatif à propos de l'Islam est en

train d'échouer rapidement et un nouveau vent de liberté d'expression souffle.

Une telle étiquette implique clairement que cette critique provient d'une peur irrationnelle de l'Islam, plutôt que d'une perspicacité raisonnée ou d'une étude attentive. C'est une « réprimée » pour terminer tout dialogue ouvert sur le sujet. On nous dit que nous ne devons rien faire qui puisse offenser les musulmans. C'est fou, nous n'avons pas à marcher sur des œufs quand nous critiquons le fascisme et son idéologie nihiliste raciste. L'Islam enseigne des idées similaires, telles que l'extermination des Juifs, l'éradication de ceux qui n'y croient pas, et ainsi de suite. Cela mérite des critiques. Nous ne devons pas être confus entre des personnes et leurs idéologies. Les musulmans méritent le respect en tant qu'êtres humains, leurs droits de l'homme doivent être respectés. Mais l'islam, qui n'est pas du tout d'accord avec les droits de l'homme ; en tant qu'idéologie brutale, elle ne mérite pas d'un tel respect.

La liberté de la parole et la pensée est minée par ceux qui cherchent à étouffer tout commentaire défavorable sur la religion. Une récente exposition sur la liberté de parole en est un excellent exemple, où les œuvres qui « pourraient bouleverser les musulmans » ont été supprimées, faisant ainsi une totale dérision de la bannière de la liberté d'expression sous laquelle l'événement était organisé. Motivée par la peur d'une réaction musulmane, la décision était clairement phobique. Cette phobie fait prétende qu'il n'y a pas de terrorisme dans l'islam. Il empêche de vrai débat sur le sujet. La plupart des musulmans ne sont pas violents, mais cela ne signifie pas que l'islam n'enseigne pas la violence. Nous devons juger l'Islam sur le contenu de ses textes sacrés. Les êtres humains pour la plupart sont pacifiques. Les musulmans modérés sont largement influencés par les mœurs pacifiques du christianisme et de l'humanisme. Mais la vérité de leur religion ne peut être trouvée que dans ce que ses textes sacrés enseignent réellement.

Mais une telle phobie va plus loin, elle conduit à l'abandon de nos valeurs fondamentaux, telles que l'égalité des sexes, lorsque la ségrégation des sexes pour apaiser les musulmans s'immisce dans les rassemblements politiques. C'est ce qui s'est passé avec le Parti travailliste lors des dernières élections au Royaume-Uni. C'est la loi Charia qui s'introduise sournoisement par peur de la réaction offensée des Musulmans.

Si nous ne tenons pas ferme et obligeons les migrants musulmans dans nos pays à s'adapter à nos systèmes de valeurs, mais plutôt à accepter leurs valeurs par peur de les offenser, c'est de l'islamophobie. L'Islam est à la racine du terrorisme islamiste, c'est une racine des MGF, de l'esclavage sexuel et de la subjugation générale des femmes, c'est un moteur d'antisémitisme, et nous ne pouvons permettre que le débat sur ces questions soit étouffé par des accusations d'islamophobie chaque fois que quelqu'un mentionne la religion par rapport à eux.

C'est une fausseté de penser que la terreur islamique disparaîtra sans que nous en affrontions ses véritables causes. La croissance de la population musulmane entraîne une croissance rapide de l'islam dans presque toutes les régions du monde. Avec la croissance de l'Islam, le Coran et les Hadiths sont plus largement lus. Et partout où ils sont lus, l'islamisme se répand aussi. Après tout, le fondamentalisme islamiste n'est rien de plus qu'une interprétation littérale de ces livres, à l'instar du style de vie de Mahomet. L'un des principaux facteurs de la croissance continue du fondamentalisme islamique à travers le monde est la disponibilité immédiate du Coran et des Hadiths dans de nombreuses langues, disponibles en version imprimée et en ligne, dans une mesure jamais vue auparavant. Malheureusement, les musulmans modérés favorisent la circulation de ces œuvres, sans savoir ce qu'ils disent vraiment.

De nombreux dirigeants occidentaux ont pensé à tort que l'islam se transformerait en un système de croyances modéré. Ceci est impossible parce que les révélations et l'exemple du Prophète tels qu'ils sont écrits dans les livres sacrés islamiques sont sa seule racine. Dans l'Islam, il est le dernier prophète, aucun autre ne viendra, donc il ne peut y avoir aucune mise à jour du Coran ou nouvelle révélation. Ce qu'il a dit et fait reste pour tous les temps. Nous ne pouvons pas détourner l'Islam de sa barbarie du 7ème siècle. Les révélations et le style de vie de Mahomet sont l'Islam, il n'y a rien d'autre. Le changement est impossible. Dans les pays musulmans, on prend l'islam tel quel ou risque d'être tué pour vouloir le quitter.

Mais aujourd'hui avec la vérité plane sur l'Islam comme une épée de feu qui attend de tomber. Une épée de Damoclès qui portera un coup fatal, un baiser de la mort à une idéologie qui prêche la destruction. Comme une étincelle dans une forêt, cette épée flamboyante allumera un feu parmi les musulmans qui ne s'éteindra jamais. Les forêts sombres de l'Islam seront consommées. Contrairement au Printemps Arabe qui a tant promis, mais qui, grâce à l'Islam, a apporté de si petits progrès, ce nouveau feu apportera la liberté et la prospérité. Alors que l'islam, en tant qu'idéologie, ne peut jamais être réformé, les musulmans, en tant que personnes, peuvent changer. Déjà la plupart des musulmans de l'Ouest et ailleurs, ont abandonné les valeurs véritablement islamiques. Ils ont appris des manières plus tolérantes, humaines et égalitaires. Lorsqu'ils sont forcés dans la Vallée de la Décision, l'endroit où ils doivent décider en quoi ils croient, ils trouveront plus facile de rejeter l'Islam que de justifier des valeurs avec lesquelles ils ne sont pas d'accord.

De notre côté, la manque de riposte face au problème de l'islamisme a déjà provoqué un grand mouvement vers l'extrême droite dans la politique de beaucoup des pays. À certains égards, il s'agit d'un équilibre naturel qui se produit dans un système démocratique lorsque les choses commencent à mal tourner. C'est ainsi qu'une société généralement tolérante se protège de certains types de menaces existentielles. Mais il y a un danger là-dedans. Si les dirigeants politiques et religieux nationaux ne traitent pas des phénomènes idéologiques, les gens eux-mêmes se retourneront contre eux. Nous devons empêcher la réaction contre le mal de l'Islam de devenir une révolution permanente néo-fasciste.

Nos dirigeants nous ont rendu un très mauvais service en échouant à faire face au vrai problème de l'islamisme. La soi-disant « *guerre contre le terrorisme* » est en train de se perdre, il y a plus de terrorisme maintenant que lorsque l'expression a été inventée. Elle a échoué parce qu'il a été combattu contre un ennemi défini de manière imprécise. Vous ne pouvez gagner une guerre que si vous savez exactement contre quoi vous vous battez et pouvez formuler une stratégie contre celle-ci. L'ennemi dans cette guerre n'est pas difficile à comprendre, ISIS, Al-Qaïda, Boko Haram et tous ces autres groupes terroristes islamistes sont très ouverts sur l'idéologie qui les anime. Ils citent souvent des versets du Coran. C'est une idéologie qui veut détruire notre société démocratique libre et la remplacer par un califat islamique en vertu de la charia. Donc, c'est une guerre d'idées et d'idéaux. C'est une guerre que les bombes ne peuvent pas gagner. Il doit être combattu avec des idées et des idéaux qui surmontent ceux de l'ennemi.

Mais nos dirigeants ont eu trop peur de reconnaître ouvertement que l'Islam est le véritable ennemi, envoyant plutôt des bombardiers et des troupes dans un endroit lointain. Ce n'est pas là que la guerre sera gagnée. Beaucoup de djihadistes étaient radicalisés chez nous. Donc c'est dans les médias, dans les écoles et les collèges, dans les bureaux gouvernementaux que nous pouvons tuer les idéologies toxiques. L'ancienne secrétaire d'Etat américaine Hillary Clinton a déclaré qu'il était "dangereux" d'insinuer que nous étions en guerre avec une religion entière. Cette déclaration, bien que bien intentionnée, implique clairement une peur tacite que l'Islam répliquera d'une manière violente si nous nous y opposons. En raison de la peur, cette déclaration est un exemple de la véritable islamophobie. Ce type d'analyse est trop brut, il ne parvient pas à discerner entre le peuple et l'idéologie. Nous, dans l'Occident, devrions faire notre politique au-delà de la peur. L'ennemi n'est pas les musulmans en général, ils sont des êtres humains, mais l'ennemi est une idéologie inhumaine du 7ème siècle déguisée en religion. En fait il faut reconnaître que l'islam a déclaré la guerre sainte contre nous.

La Guerre contre le terrorisme

La soi-disant « *guerre contre le terrorisme* » ne peut être gagnée que lorsque la racine idéologique est détruite. On doit défaire l'idéologie d'islamisme. Parce que la source de toute la terreur islamiste réside dans la religion, avec son inspiration exprimée dans les textes sacrés, l'Islam doit être rendu impuissant. Il faut porter la vérité sur l'exemple et les révélations de Mahomet, et faire le critique. Il était un chef de guerre ; le contenu abrogé du Coran est une philosophie de la guerre sainte pour la domination mondiale. Après la chute de l'Empire Ottoman, il y eut une relative accalmie dans les attaques islamiques contre les non-musulmans. Mais avec la montée des Frères musulmans et leur propagation du Coran et des Hadiths, la terreur est revenue et ne disparaîtra pas tant que la racine ne sera pas coupée.

En fin de compte, nous n'aurons pas d'autre choix que de l'attaquer. Les coûts économiques du terrorisme et la lutte anti-terroriste pèsent lourdement sur nos budgets. Ces coûts, toujours croissants, agissent comme un moteur pour forcer l'Occident à faire face aux véritables causes profondes de la terreur islamique. L'estimation budgétaire du département de la Sécurité Intérieure des Etats-Unis pour 2016 était proche de 65 milliards de dollars, soit plus que le PIB d'un pays comme le Kenya, la Bulgarie ou l'Uruguay. Quand vous lisez la demande de budget officiel, vous trouvez que la première destination mentionnée et la plus importante pour les fonds est la lutte contre le terrorisme.

Si vous considérez que 95% du terrorisme dans le monde est de nature islamiste, alors vous vous rendez compte que, dans le long terme, il serait moins coûteux pour les pays de combattre l'Islam, qui est la motivation ultime de tout ce terrorisme. Le terrorisme islamiste ne sera totalement éradiqué que lorsque l'Islam tombera, il n'y a donc pas d'autre moyen plus efficace de l'empêcher.

Maintenant, il convient de rappeler que nous avons déjà détruit des idéologies, regardez la Guerre Froide du 20me Siècle, avec toute cette puissance militaire des deux côtés, assez pour avoir complètement détruit le monde tel que nous le connaissons. Mais ce n'était pas ce genre de puissance qui était décisif. Ce fut une combinaison d'autres facteurs qui ont conduit à la chute de l'Union Soviétique. Non seulement l'échec économique était si évident que chaque homme et femme soviétique voyait que son système ne fonctionnait pas par rapport au succès économique et à la liberté en Occident, mais le Président Américain Ronald Reagan et le Premier Ministre Britannique Margaret Thatcher dénonçaient publiquement l'idéologie soviétique. Puis ils ont commencé à l'abattre intellectuellement. En l'espace de quelques années, nous avons vu l'effondrement de « *l'empire du mal* » et, aujourd'hui, de nombreux pays qui étaient derrière le *rideau de fer* ont rejoint l'Occident et sont devenus membres de l'Union européenne.

Regardez encore et vous pouvez voir le même type d'échec économique qui se profile maintenant dans une grande partie du monde islamique. En fait c'est seulement le pétrole qui garde les autres parties de celui-ci solvable aussi. Mais comme les prix du pétrole restent bas, leurs problèmes économiques augmentent. Même l'Arabie Saoudite a dû emprunter de l'argent. Ce monde est prêt pour le changement. Le changement doit venir, c'est inévitable. Nous devons simplement gérer ce changement, pour nous assurer qu'il s'agit d'un processus pacifique plutôt que violent.

Un autre exemple d'éradication d'une idéologie est arrivé à la fin de la Seconde Guerre mondiale. Il avait déjà été bien compris qu'un programme systématique de « *dénazification* » devait être entrepris pour purger l'Europe de l'idéologie nazie. Comme pour le traitement du cancer, nous devons éradiquer toute malignité qui menace notre santé, qu'il s'agisse d'une philosophie politique extrémiste ou d'une religion. Hitler a répandu le mal de nazisme avec des tracts et des émissions de radio, et ce mal a été défait de la même manière. Nous devons faire la même chose à l'Islam.

C'est facile de détruire des idées fausse propagées par l'islam, comme le sexisme et des autres préjugés. Considérez la déclaration de Mohammed ; ***"Une nation qui fait d'une femme son chef d'état ne prospérera jamais"*** (Bukhari 92/50). Le Royaume-Uni est un pays chrétien avec une reine en tant que chef d'état. C'est une destination préférée de nombreux musulmans essayant d'entrer en Europe. Ne

prospère-t-il pas ? Comparé à la Turquie, qui a une population similaire et qui était aussi à la tête d'un puissant empire dans les siècles précédents, quel pays est plus prospère ?
Le Royaume-Uni a une reine, Elizabeth II, une femme souveraine depuis plus de 60 ans, et maintenant une femme Premier Ministre aussi, tandis que la Turquie n'a eu que des dirigeants musulmans masculins. Le PIB du Royaume-Uni est maintenant environ 3,5 fois plus élevé que celui de la Turquie et l'écart se creuse de plus en plus. Ce que Mohammed a dit n'est pas vrai. Ceci montre aussi que l'islam n'est pas supérieur aux autres croyances, le pays Chrétien est le plus prospère.

La priorité la plus urgente de la guerre des idées et des idéaux doit être la déradicalisation des individus de notre société qui constituent une menace immédiate. La déradicalisation de tels individus implique de les convaincre que ce qu'ils ont appris durant leur processus de radicalisation est faux. Par conséquent, nous devons être capables de prouver que l'idéologie à travers laquelle ils ont été radicalisés est fausse. Nous devons apporter des preuves aux musulmans radicalisés que le Coran est imparfait et faillible et que l'Islam n'est pas la vraie voie de Dieu. Nous devons alors leur offrir quelque chose de mieux.

Comme ils sont amenés à commettre des actes de terreur dans le but de plaire à Dieu afin de gagner leur entrée au paradis, nous devons leur montrer la voie pour y parvenir pacifiquement. Dans la prochaine Partie nous allons comparer du contenu du Coran à quelques citations de la Bible Chrétienne. Le Dieu Chrétien commande aux disciples de *"Aimez-vous les uns les autres ..."* (Evangile de Jean 13:34) et même *"Aimez voss ennemis"* (Matthieu 5:44), nous devrions enseigner cette manière de plaire Dieu aux djihadistes. Les transformer de terroristes en bombes d'amour.

La religion peut être une bonne chose, ou elle guérit et promeut l'amour, mais elle peut être toxique aussi. Réfléchissez sur les MGF et l'esclavage sexuel, le terrorisme, des choses mauvaises, les sacrifices de violence et de sang effectués au nom d'Allah (ou devrions-nous dire Akbar la déesse de guerre arabe !) La nounou musulmane à Moscou qui a décapité une petite fille orthodoxe qu'elle gardait a dit qu'Allah lui a ordonné de le faire. C'est la vérité, elle a été branchée sur le même canal ou Mohammed a obtenu sa révélation. La voix qui dit de ***"tuez les incroyants partout où vous les trouvez"***, c'est le même Allah qui commande la décapitation des non-musulmans dans le Coran. La logique de la déradicalisation des musulmans est alors simple, débranchons-les d'Allah et rebranchons-les sur le Dieu d'amour, et cela fonctionne. Affaiblir leur croyance en Allah, saper leur croyance que le Coran est la parole de Dieu, saper leur confiance en Mahomet, saper leur certitude qu'ils iront au paradis s'ils attaquent des non-musulmans au nom d'Allah, ça c'est la première étape. Et ensuite, faites face à la déshumanisation et à la désensibilisation qu'ils ont subies, et remplacez leur système de croyance fondamentaliste islamique par quelque chose de mieux. Remplacer La haine religieuse par la religion d'amour.

Ainsi, les musulmans radicaux doivent être réajustés dans une longueur d'onde spirituelle différente, nous devons les détourner de ce canal et les accorder dans celui qui dit ; ***"Aimez-vous les uns les autres, aimez votre prochain, aimez votre ennemi"***. Parce qu'une partie de leur motivation est de plaire à Dieu, il est peu probable qu'une solution laïque puisse satisfaire leurs besoins psychologiques et sociaux. C'est pourquoi les programmes gouvernementaux laïques ou islamiques ont échoué de manière drastique, avec des individus prétendument déradicalisés qui commettent davantage d'actes de terreur. Donc, il semble que notre seule option réelle est de les sevrer de leur Allah qui ouvertement veut ***"remplir l'enfer avec ... l'humanité"*** et les faire re-connecter au Dieu qui garantit le salut par amour. Même Mohammed a reconnu qu'il n'avait pas une telle garantie, mais Jésus le garantît. Ces choses sont faciles à prouver en comparant l'enseignement sacré islamique à la Bible. Le Coran dit que son Allah va égarer les gens sans qu'ils s'en rendent compte, c'est lui que les Musulmans suivent. Il est le dieu de l'enfer. Avec le terrorisme islamiste leur enfer arrive chez nous. Nous devons leur enseigner le Dieu de la paix, qui nous commande d'aimer, de ne pas haïr. Le vrai Dieu du ciel.

Sixième Partie –
La vraie religion comparée

L'islam

Chrétienté

Que périsse l'homme ! (Coran 80:17)

> *Dieu a tant aimé le monde qu'il a donné son Fils unique,*
> *afin que quiconque croit en lui ne périsse point (Jean 3:16)*

Nous (Allah et Mahomet) l'avons ramené (l'homme)
au niveau le plus bas (Coran 95:5)

> *Et Dieu créa l'homme à son image ; il le créa à l'image*
> *de Dieu; il le créa mâle et femelle (Genèse 1:27)*

En vérité, Allah égare qui Il veut
(13:27, 74:31 et 20 autres versets)

> *Il (Yahvé) vous conduira dans toute la vérité… et vous*
> *connaîtrez la vérité, et la vérité vous rendra libres*
> *(Jean 16:13, 8:32)*

Nous (Allah et Mahomet) allons les conduire graduellement
vers leur perte par des voies qu'ils ignorent (Coran 7:182)

> *Il me conduit dans des sentiers de justice (Psaume 23:3)*

Et la parole de ton Seigneur (Allah) s'accomplit : « Très
certainement, Je remplirai l'Enfer de djinns et d'hommes,
tous ensemble » (Coran 32:13, 11:119)

Quiconque invoquera le nom du Seigneur (Jésus-Christ) sera sauvé (Romains 10:13)

Nous avons destiné beaucoup de djinns et d'hommes pour l'Enfer (Coran (7:179)

Il faut de même que le Fils de l'homme (Jésus-Christ) soit élevé, afin que quiconque croit en lui ait la vie éternelle (Jean 3:14-5)

Il n'y a personne parmi vous (Musulmans) qui ne passera pas par [L'Enfer] : Car [il s'agit là] pour ton Seigneur (Allah) d'une sentence irrévocable (Coran 19:71)

Sauvez-en d'autres en les arrachant du feu (Jude 1:23)

Il n'y personne parmi vous (les Musulmans) qui n'a pas de djinn (un démon) assigné comme compagnon commensal (Sahih Muslim 39/6757, 52/62/2814)

Guérissez les malades, rendez nets les lépreux, ressuscitez les morts, chassez les démons hors [des possédés] (Matthieu 10:8)

Les hommes ont autorité sur les femmes... quant à celles dont vous craignez la désobéissance... frappez-les (Coran 4:34)

Maris, aimez vos femmes... Les maris donc doivent aimer leurs femmes comme leurs propres corps... il la nourrit et la chérit (Éphésiens 5:25-29)

"La preuve apportée par deux femmes n'est-elle pas équivalente à celle d'un seul homme ?... C'est l'insuffisance dans leur intelligence" (Bukhari 6/301)

Elle ouvre la bouche avec sagesse, Et des instructions aimables sont sur sa langue (Proverbes 31:26)

Allah n'aime pas les transgresseurs ! (ceux qui ne croient pas à l'islam) Et tuez-les, où que vous les rencontriez... Et combattez-les jusqu'à... la religion soit entièrement à Allah seul (Coran 2:190-3)

Aimez vos ennemis ; faites du bien à ceux qui vous haïssent (Luc 6:27)

Allah veut que vous tuez les incroyants pour manifester la religion (Sira; "La Vie de Mahomet" par Ibn Ishaq, traduction Ibn Hicham p.481)

La religion pure et sans tache, devant Dieu notre Père, consiste à visiter les orphelins et les veuves dans leurs afflictions (Jacques 1:27)

Puis l'Envoyé d'Allâh alla au marché d'al-Madînah qui est encore aujourd'hui son marché, et a fait creuser des fossés. Il les fit venir, et les fit décapiter dans ces fossés, on les fit venir à lui par groupes. Parmi eux se trouvèrent l'ennemi de Dieu Huyayy Ibn 'Akhtab, et Ka'b b. 'Asad leur chef. Ils étaient au nombre de six cents, ou de sept cents ; celui qui multiplie leur nombre dit qu'ils étaient entre huit cents et neuf cents... Puis l'Envoyé d'Allâh fit le partage des biens des Banû Qurayzah, de leurs femmes et de leurs enfants entre les musulmans (Sira; "La Vie de Mahomet" par Ibn Ishaq, t 2 p.191-2)

Et ils lui dirent (à Jésus) : nous n'avons ici que cinq pains et deux poissons. Et il dit : Apportez-les-moi. Et ayant donné l'ordre aux foules de s'asseoir sur l'herbe, ayant pris les cinq pains et les deux poissons, il regarda vers le ciel et bénît ; et ayant rompu les pains, il les donna aux disciples, et les disciples aux foules. Et ils mangèrent tous et furent rassasies. Et ils ramassèrent, des morceaux qui étaient de reste, douze paniers pleins. Or ceux qui avaient mangé étaient environ cinq mille hommes, outre les femmes et les enfants (Matthieu 14:17-21)

J'ai (Mahomet) décidé de commander à un homme de diriger la prière et, ensuite, de prendre une flamme pour brûler tous ceux qui n'avaient pas quitté leurs maisons pour la prière et de les brûler vifs à l'intérieur de leurs maisons (Sahih Bukhari 11/626)

Alors s'approcha de lui (Jésus) une grande foule, ayant avec elle des boiteux, des aveugles, des muets, des estropiés, et beaucoup d'autres malades. On les mit à ses pieds, et il les guérit tous (Matthieu 15:30)

Il (Allah) vous fera mourir (16:70)

je (Jésus) suis venu afin qu'elles (les personnes qui croient en lui) aient la vie, et qu'elles l'aient en abondance (Jean 10:10)

Dans l'Islam il n'y a aucune garantie du salut de Dieu, mais de nombreuses menaces de feu de l'enfer, ***"Il n'y a personne parmi vous qui ne passera pas par [L'Enfer] : Car [il s'agit là] pour ton Seigneur (Allah) d'une sentence irrévocable..."*** (19:71). Même Mohammed était incertain. ***"Par Allah, bien que je sois le Messager d'Allah, je ne sais pas ce qu'Allah fera de moi..."*** (Sahih Bukhari 5/58/266). Mais la Chrétienté garantit le salut et le pardon de Dieu ***" Car Dieu a tant aimé le monde, qu'il a donné son Fils unique, afin que quiconque croit en lui ne périsse point, mais qu'il ait la vie éternelle"*** (Jean 3:15-16) ***"Crois au Seigneur Jésus, et tu seras sauvé, toi et ta famille"*** (Actes 16:31).

Septième Partie –

L'Islam Défait

L'augmentation récente de la terreur et de l'intimidation est en fait la preuve que l'Islam a perdu le débat intellectuel et s'approche rapidement de sa chute imminente. L'histoire nous enseigne que la vérité ne peut pas être supprimée pour toujours. Progressivement l'Islam sera soumis à un examen critique qui l'affaiblira et finalement le détruira. Même Mahomet prévoyait la fin de l'islam, il a dit ; « *En vérité, l'islam a commencé comme quelque chose de rare, et il va redevenir quelque chose de rare, et se retirera ... comme un serpent rampe en arrière dans son trou*",

"mon peuple ... ils vont dévier de la religion .... le livre de Allah ... ils n'auront rien à faire avec ".

"Il viendra un temps sur les gens quand il ne restera rien de l'Islam, sauf son nom, et rien ne restera du Coran, sauf sa forme extérieure"

"Le Jour du Jugement ne viendra pas jusqu'à ce que le peuple (les Musulmans) nie ouvertement Allah"

"L'Heure (le Jour du Jugement) ne sera pas établie avant que le Hajj (à la Kaaba) ne soit abandonné."

"Un homme réveillera croyant et sera un kaffir (non-musulman) par la tombée de la nuit."

"Les nœuds de l'Islam seront défaits un par un, chaque fois qu'un nœud sera défait, le suivant sera saisi, le premier à être défait sera le Califat et le dernier sera la Prière"

Une réflexion

Si vous êtes préoccupé par l'exactitude de ce qui précède, nous vous recommandons de lire un de nos livres *Islamic Apocalypse* ou *Ministering to Muslims*. Ils expliquent les questions et les sujets connexes de manière plus approfondie. Ils donnent des nombreuses références aux documents de source islamique, y compris toutes les citations des Hadiths et Siras présentées ici. Des versets du Coran peuvent différer d'une traduction à l'autre, nos citations sont tirées des versions les plus populaires.

Pour plus d'informations sur nos autres livres visitez notre site web ; -
http://abelandsolomon.simplesite.com/424567656

Notre livre **Islamic Apocalypse** qui contient plus d'informations sur le sujet de l'islam controversé est disponible en librairie et en ligne ; -
https://www.amazon.com/dp/B01AS09LYW

Il existe aussi une version spéciale pour les lecteurs Chrétiens intitulée **Ministering to Muslims** avec plus de détail sur les matières spirituelles ; -
https://www.amazon.com/dp/0955714028

Egalement disponible est un livre électronique **Sorry, but Islam is not a Reiligion of Peace** qui inclut beaucoup d' hyperliens aux actualitiés au sujet de l'islam controversé, aux rapports officiels, vidéos et autres médias intéressants sur le web liés au sujet ; -
https://www.amazon.com/dp/B06XNJ5ZV5